JEDES KIND KANN KRISEN

每个孩子都能
应对挑战

[德]安妮特·卡斯特—察恩 著　张蕊 译

中信出版集团 | 北京

图书在版编目（CIP）数据

每个孩子都能应对挑战 /（德）安妮特·卡斯特-察恩著；张蕊译. -- 北京：中信出版社，2021.1
ISBN 978-7-5217-2145-4

Ⅰ.①每… Ⅱ.①安… ②张… Ⅲ.①学前儿童—家庭教育 Ⅳ.① G781

中国版本图书馆 CIP 数据核字（2020）第 158807 号

Published originally under the title Jedes Kind kann Krisen meistern © 2006 by Grafe und Unzer Verlag GmbH, Munchen
Chinese Simplified Characters translation copyright © 2021 by China CITIC Press
Trough Bardon-Chinese Media Agency,3F,No.150,Roosevelt Rd.,Sec.2,Taipei 100,Taiwan
All rights reserved

本书仅限中国大陆地区发行销售

每个孩子都能应对挑战

著　　者：[德]安妮特·卡斯特—察恩
译　　者：张蕊
出版发行：中信出版集团股份有限公司
　　　　　（北京市朝阳区惠新东街甲4号富盛大厦2座　邮编　100029）
承　印　者：北京盛通印刷股份有限公司

开　　本：787mm×1092mm　1/16　印　张：13.5　字　数：150千字
版　　次：2021年1月第1版　　　　　印　次：2021年1月第1次印刷
京权图字：01-2009-7086
书　　号：ISBN 978-7-5217-2145-4
定　　价：49.80元

版权所有·侵权必究
如有印刷、装订问题，本公司负责调换。
服务热线：400-600-8099
投稿邮箱：author@citicpub.com

Contents

目录

新版推荐序（张思莱）/ VIII
推荐序（钟煜）/ X
作者的话 / XII

第一章 教育危机是如何产生的？ 1

给孩子们所需要的，而非他们想要的，这是一种智慧 / 2

你的孩子需要什么，又想要什么？/ 3
- 教育孩子其实并不难 / 4

孩子需要什么 / 6
- 获得认可 / 6
- 时间和关注 / 7
- 呵护 / 8
- 信任感与知情权 / 8
- 照顾 / 9
- 保护和安全感 / 10
- 自己积累经验 / 10

父母需要什么 / 11
- 安全感 / 11

- 肯定 / 12
- 发展自己的个性 / 13
- 尊重 / 15
- 力量 / 16
- 还有什么是父母需要的？/ 16

教育箱 / 17
- "我想"箱子 / 18
- "我必须"箱子 / 22
- 经受冲突：日常生活中的教育箱 / 25

重点整理 / 29

第二章 你的孩子应对危机的能力如何，你自己呢？ 31

自我评估问卷 / 32

正确评价你的孩子 / 33
- 社交能力 / 37
- 毅力和注意力 / 40
- 自信 / 40
- 良好的性格和协作精神 / 41
- 睡觉、吃饭、上厕所 / 41

正确评价自我 / 42
- 自制力 / 44
- 表述清晰明确 / 45
- 坚持原则 45
- 关注孩子 / 46

重点整理 / 46

第三章　这样帮孩子克服危机 49

克服倔强的孩子身上的危机 / 50

"我来做决定！" / 51

"你说的我就不做！"——对抗行为 / 52
- 一开始有对抗，最终达到目的 / 53
- 一开始有对抗，最终耗尽精力而做出让步 / 55
- 对孩子严厉并使用强势手段 / 56
- 说话温和，行为坚定 / 57
- 怎么才能做到行为坚定 / 60

大发脾气——冲动行为 / 65
- 4 岁之前发脾气 / 66
- 4 岁之后的冲动行为 / 70
- 需要他人的合作 / 75
- "暂停"是必须的 / 75
- 进行角色扮演游戏 / 77
- 观察计划 / 80
- 奖赏计划 / 81

"我打你！"——攻击行为 / 82
- 4 岁之前的咬、打、踢等行为 / 83
- 4 岁之后的攻击行为 / 87

"是他先开始的！"——兄弟姐妹之间的争吵 / 92

重点整理　/ 96

克服好动、注意力不集中的孩子身上的危机 / 98

小动作不断——心不在焉 / 99

"我没办法乖乖地坐着！"——不停地动 / 100
- 为什么我的孩子安静不下来？ / 101
- 什么时候父母应该进行干预？ / 103

"我没办法专心！"——总是走神，无法集中注意力 / 107
- 缺失的内部制动机制 / 108
- 注意力的"两面性" / 111
- 科学世界的一次远足 / 112
- 4 岁之前注意力不集中的问题 / 114
- 如何帮助孩子？ / 117
- 学前儿童注意力不集中的问题 / 119
- 学龄儿童注意力不集中的问题 / 125

重点整理 / 132

克服羞怯、腼腆的孩子身上的危机 / 134

"我不敢！" / 135

"留下来陪我！"——分离恐惧和羞怯 / 136
- 3 岁之前的分离恐惧 / 137
- 害怕去幼儿园 / 141
- 害怕上学 / 149

"怪兽来了！"——恐怖的幻象 / 153
- 茉娜和怪兽 / 154

"我很害怕！"——儿童恐惧症 / 157

重点整理 / 162

克服睡觉、吃饭和上厕所等方面的危机 / 164

"我的身体属于我！" / 165

"我不想睡觉！"——帮孩子学会睡觉 / 166
- 儿童的睡眠规律 / 167
- 睡眠问题的产生和处理 / 168

"我不爱吃这个！"——帮孩子学会正确吃饭 / 177
- 孩子知道自己需要什么 / 177
- 父母和孩子的任务分配 / 178

"我不要上厕所！"——自主控制大小便 / 186
- 在孩子自主控制大小便的进程中伴随左右 / 187

重点整理 / 197

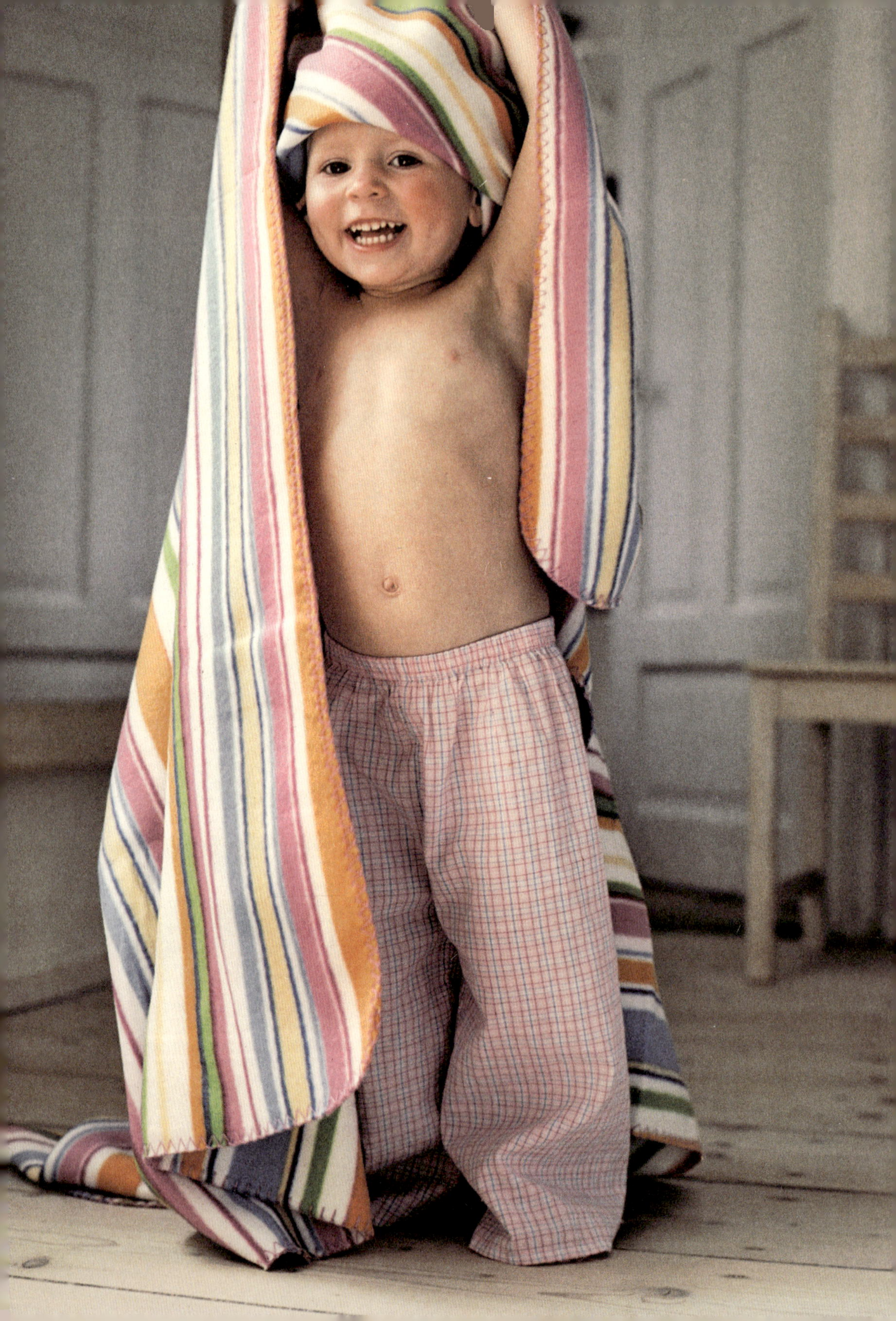

勿予我所欲，而予我所需。

——安东尼·德·圣埃克苏佩里

（法国作家，《小王子》作者，1900~1944）

Jedes Kind kann Krisen meistern

新版推荐序

"医生，我觉得孩子吃饭不认真，总是吃几口就说饱了，但他吃得真不多，长得也偏矮偏瘦，我们让他多吃一些，又感觉他迫于压力才再多吃几口，有时看着真的很生气，忍不住批评他，再看看别人家的孩子吃饭香、长得壮，我们更焦虑了……"

"老师，跟孩子沟通好的规则她老违反，虽然知道她有时不这么做有一定的理由，但还是想培养她的'规则意识'，怎么'惩罚'好呢？"

"孩子害怕一个人睡总让人陪怎么办？"

"宝宝太黏人了怎么办？"

…………

每天，我都会收到很多父母殷切的咨询，我很高兴新生代的父母们乐于学习和求教，也深深理解他们的育儿焦虑和困惑。养育并非一门单一的学科，它涉及方方面面的知识，如脑科学、心理学、教育学、生物学，甚至还有人类学，可父母们，好多还是第一次做父母，又哪里会知道这么多知识。

如此一来，读书不失为一种好的方法。这套德国实用育儿经典由心理学硕士、行为治疗师和儿科医生通力合著，里面提供了很多实际的诊疗案例和科研成果，并针对各种不同的问题给出了多种可供参考解决的方案和建议。

例如，父母根据食物金字塔决定端什么食物上桌，尽可能丰富，但选择吃什么、吃多少由孩子自己决定，胖瘦不是衡量健康与否的标准；孩子在每个年龄段都有需要学会的规矩，父母善用"工具"、态度明确、设定界限，不仅能帮孩子树立规矩意识，而且能减少冲突对抗，增进亲子关系；等等。

全世界的父母都焦虑。想来，了解孩子行为背后的深层原因，给孩子需要的而非想要的，做父母的同时保障自己的需求，我们在育儿这条路上才能越走越从容。

最后，每个孩子都是不同的，找到适合自己的孩子的方法最重要，希望你在本套书中能有所收获。

张思莱

Jedes Kind kann Krisen meistern

推荐序

好父母的智慧

在育儿杂志近 10 年的工作经历常令我感慨：孩子的问题从来都"不简单"。"不简单"不仅仅是因为吃喝拉撒睡的每一件小事都足以将父母折磨得心力交瘁——作为妈妈，我自己在这方面有过切身的体会；还因为几乎每个小问题的背后往往都牵扯着许多其他的问题：

我的孩子吃得太少了！为什么觉得少？因为隔壁的孩子吃得更多。为什么他要吃得跟隔壁的孩子一样多？因为我担心他不长个儿。他不长吗？长。那你还担心什么？我……我觉得他吃得少是因为我不会做吃的，我担心我不是个好妈妈。

…………

是的，每个看似简单的生活习惯、睡眠或者营养问题的背后，往往藏着教育问题、理解问题、行为问题，也包括父母自己的需求和心理问题。所以一个优秀的儿科医生往往也是经验丰富的儿童心理学家，而一个聪明的儿童心理学家往往也能洞悉妈妈内心的"秘密"。

这就是我喜欢这套丛书的原因。面对被提问过无数次，也被各种育儿书解答过无数次的睡眠、饮食、行为及教育问题，它提供的不仅仅是"怎么办"，还有"为什么"和"怎么做对你更适合"。它不仅仅分享养育知识，更帮助父母们搭建起一座充满爱和智慧的通往孩子内心的桥梁。

当你终于迎来一个甜美安宁的夜晚，当你们家的餐桌终于不再是战场，当愤怒和失望被爱接纳，当争执被理解消弭于无形，你学会的并不仅仅是如何教会孩子正确的行为，还有如何倾听孩子内心的声音，以及如何尊重自己作为父母的需要。而体会到这一点，你也就具备了"如何做个好父母"的智慧。

钟煜

Jedes Kind kann Krisen meistern　　　　　　　　　　　　作者的话

　　为什么教育费心又费力？假如孩子们懂得与人和睦相处，安静地待在家中，不随意索取，那么教育自然是一件简单的事情。但事实并非如此，孩子们很早就形成了自己的个性，他们清楚地知道自己想要什么，并会为此争取。作为父母，我们必须经受住孩子们的缠磨。然而这并非易事，要知道，孩子们的精力通常旺盛得惊人。

　　作为父母，我们应该为孩子提供他们所需的一切，但绝非有求必应。孩子们想要的并非都是有益于他们成长的。作为成年人，我们必须清楚：

　　孩子的成长需要什么？哪些仅仅是他想要的？当孩子令不行、禁不止，我该怎么办？我如何才能做到既公正又坚决？我该如何避免日常的冲突演变成危机？当危机确实存在时，有哪些应对方法，这些方法又有哪些是适合我的？本书根据2岁及以上孩子反复发生的具体问题给出了答案。

　　根据多年的儿童心理辅导经验，我知道哪些教育危机经常出现，哪些教育危机尤为严重。经过和许多孩子以及他们父母的相处，我了解到解决成长问题的关键所在。在条件允许的情况下，我会根据本学科最新的研究成果不断完善我给出的所有建议和指导。

我从我的三个孩子身上学到了许多东西，感谢他们。

希望你们也能从这本书中获得帮助与乐趣。

安妮特·卡斯特-察恩

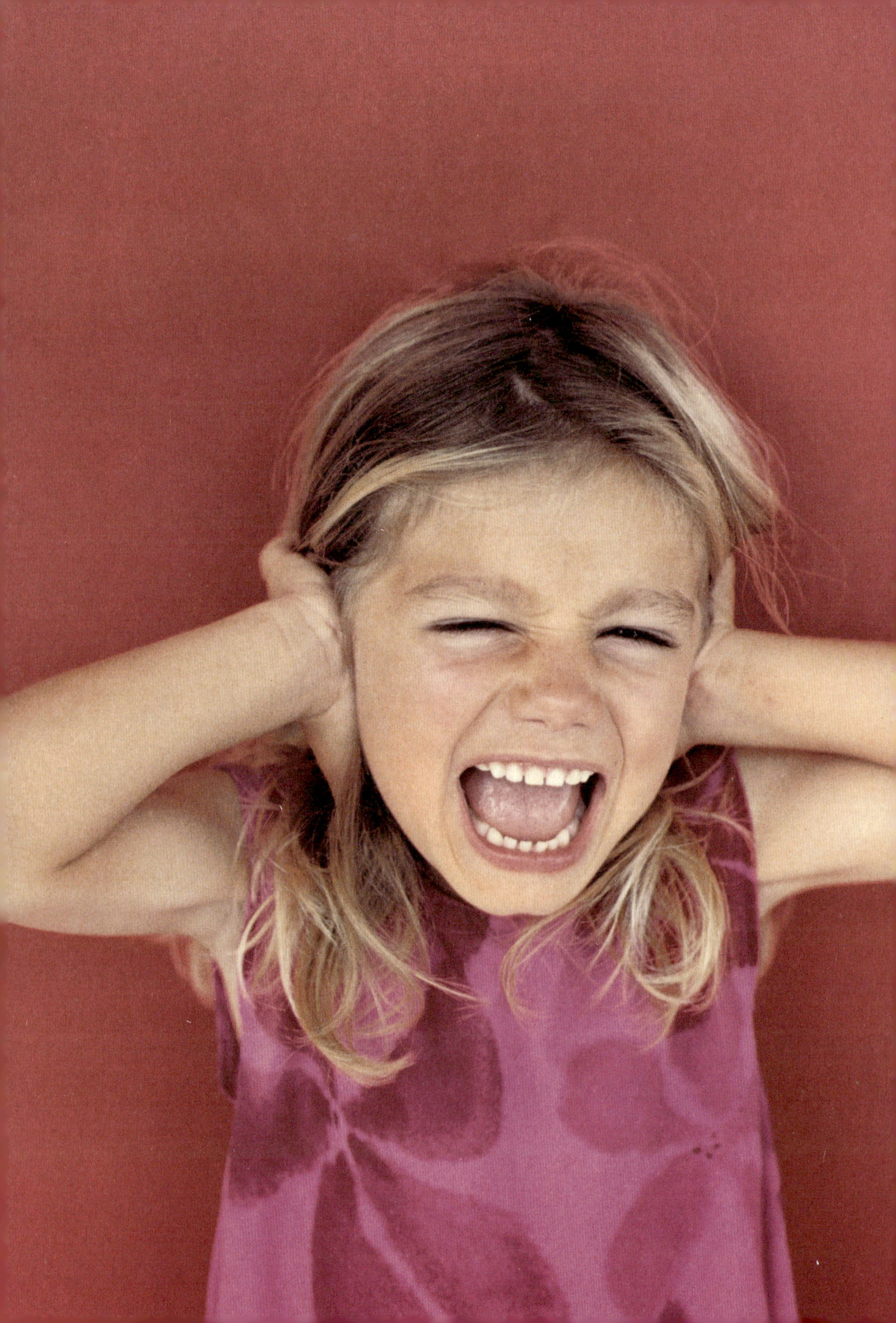

Jedes Kind kann Krisen meistern

第一章
教育危机是如何产生的？

为什么家中吵闹声会不绝于耳？当孩子总是想要那些他们不该要的东西、做那些他们不该做的事情的时候，父母应该如何应对？

给孩子们所需要的，而非他们想要的，这是一种智慧

你的孩子需要什么，又想要什么？

奇妙的孩子们。他们可爱、有创造力、令人感动、讨人喜欢。他们以令人惊异的速度学走路、学说话、学着感知这个世界。如果孩子们开心地看着我们，我们也会觉得心情愉快。尽管如此，还是有很多夫妇不愿生孩子，这究竟是为什么？用于孩子的高额开支可能是原因之一，或许还因为教育孩子确实是件费劲儿的事。

有些电视节目以真人秀的形式把教育问题展现给观众，这类节目可能会影响人们在是否生孩子这个问题上的选择。节目中，我们看到一个3岁的孩子会动手打他的弟弟，扯他弟弟的头发，当他的妈妈试图阻止他爬到柜子上往下扔玩具时，他会粗野地骂她、踢她。

《生活现场秀》就是这样一档节目，观众每周都会看到新的"灾难"。为什么有那么多人关注这个节目？很明显是因为它的娱乐价值。孩子们也觉得这节目好玩：他们就是主演，同时还是编剧和导演。

节目里所展现的通常是孩子们想要的，然而那些是他们真正需要的吗？节目中的父母无助地站在一旁，为了获得帮助，他们甚至不怕向百万观众展示自己的痛苦和无奈。

当然，这只是很极端的例子，普通的父母喜欢看这类节目是因为他们能从节目中看到自己的影子，节目内容和他们在日常生活中遭遇的教育问题有几分相似。看完他们会庆幸自己的情况还不算太糟糕。教育是件费劲儿的事，对父母要求极高。

教育孩子真的很难吗？一些孩子的父母竟因为应对教育危机失败而分道扬镳。应对教育危机不是件容易的事情：如果任由危机和问题堆积，再想摆脱它们就难了。父母必须找到解决问题的方法。很多婚姻，由于夫妻某一方觉得自己无法再承担教育孩子这件事而解体，只有另一方——往往是母亲——留下来继续承担。这也使得教育危机的应对困难重重。

● 教育孩子其实并不难

本书主要针对已经度过婴儿期、年满2岁及以上的孩子。孩子婴儿时期，父母的主要任务是对婴儿进行护理和照料，婴儿期过后教育就变得更为重要。当然，在婴儿时期，父母就要面对许多难题，诸如孩子为何总是哭闹，如何让孩子入睡，孩子为什么总在睡觉，如何给孩子断奶，等等。而现在，孩子学会了走路，他们能理解大人说的话，自己也开口说话。意识到自己是独立自主的个体，是孩子成长过程中的里程碑。从这时起，孩子们开始有了自己的记忆。

父母的影响不容小觑。在孩子上学之前，父母要克服各种不同的困难，既要抚养他们，又要安慰和教育他们：生病时照料他们，为他们安排

第一章
教育危机是如何产生的？

旅行、组织各种文体活动，为他们化解危机，还要做他们的治疗师。但父母也是人，也会犯错误，这是人之常情。

这本书会带给父母勇气。它告诉父母，教育孩子其实并不难，只要明确以下三件事：

孩子们还不能自己满足自己的需求。 因此他们需要父母。孩子越小就越需要父母。给孩子需要的一切，是教育的关键，幸好，这不难做到。

父母也有自己的需求。 父母始终把全部精力都放在孩子身上，并不是一个良好的状态。这可能导致婚姻失败，伤害父母和孩子的关系。教育也意味着要让孩子明白，其他人——即便是父母——也有自己的需求，他们的需求也要得到重视。很多父母在这部分的教育上存在问题。

也许最吃力不讨好的教育是：父母总对孩子说"做这个！""别这样！" 其实父母必须让孩子自己明白，那些有意义、会让自己受益的事情，即便他们不情愿也必须做，例如自己穿衣服、收拾房间。同时，父母也要及时制止孩子做毫无益处的事情：长时间看电视、抢其他孩子的玩具、吃大量的甜食，这些事情都是孩子们经常想做，甚至是一定要做、迫不及待要做的事情。

每个孩子都能应对挑战
Jedes Kind kann Krisen meistern

孩子需要什么

父母必须满足孩子的哪些需求，才能让他们没有缺憾，幸福地成长？

孩子需要爱和肯定，需要安全感，需要庇护，需要自己积累经验，需要照顾，需要知情权，需要信任感，需要时间，需要关注，需要呵护。让我们看看他们自己是怎么说的。

● 获得认可

亲爱的爸爸妈妈：

我根本没有你们想象的那样容易受到伤害。我有一定的承受能力。有时候你们心情不好，对我不公正或大声斥责我时，对我的伤害并没有那么严重。当我想到你们是因为爱我才这样做的时候，不开心的事情很快就过去了。对我来说最重要的是，你们爱我就像我爱你们一样，你们也向我表达了你们对我的爱。我需要你们觉得我很棒，需要你们因为有我而感到高兴。如果我恰好不是一个出色的孩子，那么这种需要就更为迫切。即使我两岁半了还不会说话；即使我参加婴儿爬行比赛时只愿意待在你们怀里，根本不理会赛况；即使我总是因为不能和你们待在一起而哭闹；即使我6岁了，晚上还会尿床；或者因为我做了不好的事，要了不该要的东西而令你们生气。即使像以上这样也请你们完全地接纳我。我也知道自己有时很令人头疼！但这不是你们的责任，不要自责。我不想做惹你们生气的事情，但我需要去学习应该怎么做才对。如果我做了什么你们觉得不好的事情，你们必须告诉我，并且教给我其他更好的方法。你们也要依然爱我，包括我犯的错。

● 时间和关注

亲爱的爸爸妈妈：

我知道你们没办法整天都陪着我。因为你们必须工作，必须处理其他的事情，所以当我不得不和保姆待在一起，或者被送到幼儿园时，我也能理解你们。但是，我需要你们一天之中至少和我单独待一会儿，多久并不重要。我需要你们认真听我说话，认真地看我在做什么，看我做的手工作业和画的画儿。你们也可以和我聊聊天，给我讲个故事，和我一起唱歌，和我一起做游戏。随便什么都行，最好你们也能从中获得乐趣。我能从你们那里学到很多东西。和你们在一起我会非常开心。

● 呵护

亲爱的爸爸妈妈：

　　我需要你们看着我，充满笑意地注视我，抚摸我的头发，将我高高举起或拥抱我。很简单，因为我就是我。还有，我也需要你们用温和亲切的语气和我说话。有时候我希望能安静地和你们紧紧依偎在一起，特别是我心情不好的时候；有时候我又希望能自己一个人待着。即使有时我并不愿意向你们表示亲热，我也还是爱你们的。

● 信任感与知情权

亲爱的爸爸妈妈：

　　我需要有一个人一直在这儿关注我，那个人不一定必须是妈妈，也可以是爸爸，奶奶或保姆也行。但最好事先让我知道这个人是谁。这个世界对我而言是那么大、那么复杂，有时还会让我感到害怕。如果我能了解外面的世界，知道会发生什么，我的感觉会好很多。

　　如果爸爸和妈妈分手了，我必须知道我将跟你们中的哪一方一起生活，也必须知道我什么时候、每隔多久能见到另一方。你

第一章
教育危机是如何产生的？

们必须如实地告诉我，并且言而有信。我必须清楚：谁送我上幼儿园，谁来接我，谁来哄我睡觉，什么时候吃饭，什么时候上床睡觉，睡前我能听几个故事，第二天几点必须起床。有规律的生活让我感到轻松愉快。我也喜欢惊喜，但如果惊喜是生活的全部，我会感到茫然。

● 照顾

亲爱的爸爸妈妈：

我知道你们为我付出了很多。每天我都有很多事情需要你们：叫我起床，给我穿衣服，给我换尿布，喂我吃饭，带我看医生，带我去游乐场。因为我长得很快，你们必须经常给我买衣服，还有玩具。你们为我付出这么多的时间、精力和金钱，可是老实说，我几乎没注意到这一点，因为你们每天都这么做。当妈妈生病了，一切不再井井有条时，我才会留意到更多。

● 保护和安全感

亲爱的爸爸妈妈：

请你们小心地照看我，使我远离一切危险。有时我很好奇，有时又非常害怕。你们应当清楚地让我知道你们了解这个世界，我可以信赖它；清楚地让我知道你们足够强大，完全能够保护我。我非常依赖你们，没有你们的保护我是那么无助和孤单。当我还很小的时候，请别让我独自一人待着。当我害怕时，请给我勇气。

● 自己积累经验

亲爱的爸爸妈妈：

我需要你们，因为我可以通过观察你们来认识这个世界。但当我看得足够多之后，就必须亲自尝试了。请你们放手让我做我可以胜任的一切事情！你们应当清楚地告诉我，你们对我有信心，并且完全相信我。独自完成一件事情的成就感对我非常重要。如果注意观察，你们会知道哪些事情是我能独自完成的，哪些不能。如果我比别人做得慢些，请给我多一点儿耐心。别让我感到紧张，请给我足够的时间。别要求我做那些对我来说非常困难的事情。

父母需要什么

孩子能从父母那里得到自己需要的，所以孩子依赖父母。也许你们在阅读上一节内容时会回忆起自己的童年：是否得到了需要的一切，或者因为缺少了什么而难过？

现在你们已经为人父母了，没办法从孩子那儿获得自己需要的，你们现在需要的与童年时期望从自己父母那里获得的也已经完全不同。也许你们很幸福地和伴侣生活在一起，相处得非常好，互相给予对方所需的一切。但无论你是否有深爱的伴侣，都必须设法让自己满足自己的需要。你们要对自己负责，不要忽视自己的需求。父母忽略自身需求的后果最后只能由孩子来承担。

● 安全感

即使身为父母也需要安全感。拥有安全感对父母自身而言非常有益，同时也能令他们更好地关心和照顾孩子。稳定是父母和孩子更好地共同生活的重要基础。根据相关统计，一个处于学龄阶段[①]的孩子，其行为是否

---

① 指从大约6岁至性成熟期开始的一段年龄期。——译者注

异常，和他的家庭是否"被社会歧视"有关。但这不应该使那些在较差的经济条件下抚养孩子长大的父母丧失勇气，其实，对他们而言，尤其是对那些独自教养孩子的人来说，他们付出的比常人更多。因此他们可以要求社会给予更多的重视和帮助，他们也将因此而获得安全感。

● 肯定

"因为有你，我很开心！"——如果有人经常向你说这句话，那该是多美好的一件事情啊！但自我价值观念更为重要，你应当肯定自己，因为选择要一个甚至更多的孩子就意味着：承担重大责任，敢于挑战，投入无法估量的费用——从出生到成年，一个孩子的花费相当于一套单户住宅。你要准备好放弃很多东西。你知道吗，如今将近一半受过高等教育的女性不愿意生育。

如果一个人有一份好工作，至少他可以从经济报酬上获得工作的成就感，但却不能指望从孩子那里获得对你的付出、努力和所做的一切的肯定。

> 你应当自己肯定自己，因为照料孩子是一件非常有价值的事情。

也许会有一天，你的孩子走过来，抱着你，对你说："你是这个世界上最好的妈妈。"如果这真的发生了，请你把它当成一份珍贵的礼物，心存感激地收下。然而你不能向你的孩子索取这份礼物。也许你可以要求你的先生这么说，尤其是当他或多或少地让你独自承担教育孩子的责任的时候。但至关重要的仍然是，你知道自己每天都付出了多少。

● 发展自己的个性

每个人都有自由发展个性的权利。《基本法》[①]第二条第一段对此做出了明确的规定，适用于孩子和父母。然而父母能和孩子同时享有这项权利吗？当孩子还小的时候，父母不必大幅降低自己对生活的要求吗？我认为不行。没有孩子的人也不可能实现自己所有的愿望，即使是最富有挑战性的工作也会有大量单调乏味的程序要做。

幸福总属于那些敢于接受生活的挑战并尽力做到最好的人，无论是对为人父母的还是对没有孩子的成年人都是这样。举例来说，当你辞掉工作并将心思都放在做好主妇和好妈妈上时，生活才能更好地继续；你接受了新的任务，为能够施展自己的才能而高兴。尽管如此，接下来的所有与照顾、教育孩子有关的事情，所有与家庭有关的事情，带来的并不都是乐趣。其实你也根本不必喜欢所有的事情，但一定要充满激情地去做。

[①] 即《德国宪法》。——译者注

是妈妈，而不是主妇

我从来都不是一个特别出色的主妇。烹饪、打扫、采购——我根本就不喜欢做这些事，做妈妈给我带来的乐趣远远大于做主妇。也有一些和孩子们一起的活动根本不适合我，比如手工制作，比如做圣马丁节①用的小灯笼。在我第三个儿子去幼儿园之后，我完成了本章节的写作，这才是令我真正开心的事情。我喜欢和孩子们一起唱歌、讲故事、阅读、玩过家家。一天之中有大部分时间我和孩子们在地毯上度过。

重视你自己的兴趣爱好

自己喜欢做的事情也应该得到重视，这些兴趣爱好能让那些令人厌烦的事情变得轻松。也许现在你感到很幸福，可以兼顾教育孩子和工作，但日后你可能会感到力不从心，觉得无论是工作还是教育孩子，自己都无法胜任。而根据我的经验，那些放弃了工作全心全意照顾孩子的妈妈也未必感到更满意。

试着不要因为孩子而让自己的兴趣消失不见。坚持做一些看起来很

---

① 每年的 11 月 11 日是庆祝神圣的马丁之旅的节日，称圣马丁节。圣人马丁原是罗马士兵，圣洗后成为一名僧侣。据说他为人友善，生活俭朴。最著名的传奇是说他曾在途中遭遇暴风雪，见到一位生命垂危的乞丐，他毫不犹豫地将自己的大衣撕成两片，救助这位即将死于饥寒的乞丐。那个夜晚，他梦到了基督穿着他送给乞丐的那半片大衣。在德国、奥地利和瑞士的很多地区盛行圣马丁节的游行。常常有扮成罗马士兵并身穿红披风的骑士，伴随提着灯笼的小孩们走街串巷，以示纪念。小孩们所用的灯笼大多是在小学或幼儿园做的小手工。——译者注

容易的事情：和最好的朋友通电话，每周去做一次运动，或者偶尔享受一个自在的夜晚——如果没有保姆，就和你的丈夫轮流照顾孩子。尝试去做这些事情比什么也不做强！如果你还只是为了孩子而活着，那你生活中的普通冲突很快就会演变成危机。一次偶然的失败就会让你很快产生"我没有做好"或"我是一个不称职的妈妈"之类的感受。这种感觉无益于任何人，还会深深地伤害你的孩子。孩子会觉得："都是因为我，爸爸和妈妈才会不开心，才会吵架。"

和另一半做亲密的事也是发展自己个性的一部分。两个人单独谈心，一起喝杯酒，不受干扰地享受性爱：你应当为这些小小的自由创造条件，例如让孩子每天按时睡觉——最好是在他自己的床上睡。

> 父母也需要自己的空间！

● 尊重

绝大多数不被孩子尊重的父母会非常失望。父母需要来自子女的尊重，但这种尊重不是靠简单的索取就可以获得的，而是通过日积月累，自然而然形成的。和孩子认真地说话，要说到做到，即使有时感到厌烦也要这样做。

如果你经常因为某些原因（例如孩子的哭闹纠缠）做出让步，那么很快你就会失去他们的尊重。

身为父母的你如何与别人相处，这也深深地影响着你的孩子：你的孩子能从你身上学会尊重他人吗？

● 力量

你一定希望能够出色地履行自己为人父母的职责。也许你经常反思自己是否真的能给孩子足够的安全感，或者明天是否能像今天一样很好地完成一切有待完成的任务。这些都很辛苦，因此你需要充裕的时间——完全属于你自己的时间，积蓄力量。

● 还有什么是父母需要的？

充沛的精力，沉着冷静，组织能力，创造力，对危机的抵抗能力，信心，领导能力（你是在领导一个小型家庭企业！）……如果你不完全具备这些素质怎么办？没关系，父母不需要那么完美。你可以跟着孩子一起成长。

> 照管好自己，才能更好地照管孩子！

第一章
教育危机是如何产生的？

有时候你必须直接对孩子说："停下来！不许这样！"因为如果你长时间地被孩子搞得筋疲力尽，你就给不了他们所需要的爱和关注。

爱的能力是施行教育的先决条件。有能力爱的人也有能力教育出优秀的孩子。

教育箱

给孩子提供他们所需要的一切——教育的这一部分并不难，而且还会带来快乐。孩子们大部分的需求往往也是他们希望的，他们会高兴地接受我们所给予的，对我们心存感激。

作为父母，在我们给孩子制定规矩时，经常要扮演"扫兴者"的角色。冲突或危机会以何种方式产生？什么情况下父母可以摸索着慢慢前行？给孩子们制定规矩时都有哪些依据？我将向你们展示我的"教育箱"理论模型，这种理论模型在我的治疗实践过程中得到了发展。我将以这个理论模型为依据，向父母和孩子阐明为什么家里总是吵闹声不绝于耳，以及在吵闹时他们各自扮演了什么角色。

一切对孩子而言很重要的事物都可以装入两个大箱子里："我想"箱子和"我必须"箱子。

● "我想"箱子

孩子们都爱"我想"箱子。这个箱子里装的都是令他们觉得高兴、想要的东西，还有喜欢做、很想去做的事情。孩子们甚至愿意一整天都在这个箱子里度过。能做任何想做的事情，能得到一切想要的东西——这是一个真正的快乐王国。每个孩子的"我想"箱子都不同：

★ 尤莉亚（5岁）的箱子里有各种各样的东西：她的小兔子，她的小朋友们，整个幼儿园，她的自行车，很多糖果，很晚才睡觉，看电视，和妈妈做游戏，玩拼图游戏。

★ 勒内（6岁）喜欢一切和科技有关的东西。在他的"我想"箱子里能找到他爸爸的一整套工具和许多被拆开的东西，还有一些是勒内打算拆开或组装起来的。踢足球和其他一切运动也在勒内的箱子里。

★ 丹尼尔（3岁）的箱子里装满了霸王龙这样的危险动物，还有武器和激光剑，以及许多下流话、竖中指、满地打滚和捉弄其他孩子。

★ 保罗（3岁半）的箱子里只装着一件事："我来做决定！"没有什么事是保罗一直喜欢的，也没有什么是保罗从不喜欢的。事情的关键在于不是别人而是保罗自己来决定：做什么，什么时候做，做多久，由谁来做。所有可以让保罗自己决定的事情都还进行得不错。这时候的保罗很可爱，心情舒畅，很开心，尤其是当他可以命令别人的时候："给我穿衣服！""给我一些吃的！""给我讲这个故事！"如果是保罗自己决定什么时候开始玩，那他就能玩很长时间，尤其是在他原本应当准备好去幼儿园的时候。

★ 玛丽（4岁）好像除了看电视和吃糖果之外没有太多其他的喜好。经过仔细的询问才知道，原来她也很喜欢和妈妈一起玩社交游戏，在游乐场地上四处嬉闹，对数字和拼写也很感兴趣。

★ 飞机似乎是弗洛里安（7岁）的"我想"箱子里仅有的东西：他不愿意玩其他玩具。但经过长时间的思考后，他想起还有听音乐、看电视以及玩电脑游戏。

美好的、能带来乐趣的一切

无论"我想"箱子里装的是什么，只要让孩子待在里面，他们就感觉很开心。对父母而言，这个箱子里的东西也很不错。如果孩子们从中得到乐趣或者有所收获，父母其实也会很愉快。甚至有时候父母也和孩子一同在这个箱子里。

然而就算非常期待，也很有意义，游戏时间和欢乐时光终将结束——也许是因为孩子应该上床睡觉了，或者要去幼儿园了，或者妈妈打算带孩子一起去购物，或者到吃饭时间了，这时孩子们必须从箱子里出来。

很多不同的"箱子"

对于尤莉亚和勒内来说，这并不是很难。他们比较懂得与别人合作，几乎所有他们喜欢做的事情，他们的父母都很支持。当父母叫他们的时候，他们会自觉地停止动作，来到父母身边。他们是自己从"我想"箱子里爬出来的。

其他孩子就没有这么乖了。这类孩子必须被不停地从"我想"箱子里拎出来，因为他们的父母觉得箱子里的很多东西都是无益的。

★ 丹尼尔的父母不喜欢武器，也无法容忍任何脏话和打架行为。因为丹尼尔不会自觉停止这样的行为，所以他的父母必须一次又一次地把他从这个箱子里拎出来——靠自愿根本行不通。几乎还没等离开箱子，丹尼尔就又钻了进去，开始下一次的胡闹。

★ 保罗的妈妈遇到的情况也差不多。一切只有按设想进行，保罗才会满意。这样一来，保罗的父母必须经常把保罗从"我想"箱子里拎出来。一句友好的"早上好，宝贝儿，起床啦"，或者"饭好了，过来吃饭吧"，对保罗而言都是难以忍受的事。如果妈妈想这样"管"保罗的话，保罗会觉得扫兴，觉得妈妈非常讨厌。

★ "我想"箱子对玛丽和弗洛里安而言尤为重要。当妈妈带着玛丽一起采购时，如果玛丽看到了糖果，她就会要求妈妈买，甚至是立刻就要搂到怀中。糖果是玛丽的"我想"箱子里非常重要的东西，妈妈又怎么能那么讨厌、那么令人扫兴地阻止玛丽买糖果呢？当弗洛里安在橱窗里看到一架飞机模型时，就必须立刻拥有它。如果不能让弗洛里安如愿以偿，那将会发生一场可怕的灾难，就如同地球要毁灭一般。

妈妈真扫兴

当孩子不能自觉停止做什么的时候,当孩子不能接受否定的答案或者不能接受"别这样""现在不行"或者"马上结束"这样的话语的时候,就会产生冲突。冲突的另一方是谁?当我问孩子们时,得到的回答几乎都一样:"是妈妈。"在大多数家庭里,爸爸基本上都很少扮演"扫兴者"的角色。

从乌云到雷雨

当妈妈或爸爸将孩子从"我想"箱子里拎出来的时候会发生什么?孩子不高兴,和谐的气氛消失不见,空气中弥漫着紧张的气息。孩子反抗、叫骂甚至踢打。

孩子反抗的动静大小、固执程度和发脾气的方式取决于孩子本身的性格。孩子的不满可以表现为乌云一样的小声咕哝,也可能是雷电交加,暴雨倾盆。

> 把孩子从"我想"箱子里拎出来的人会承受孩子的怒气。

●"我必须"箱子

仅仅把孩子从"我想"箱子里拎出来是不够的。把孩子放进第二个和生活息息相关的箱子——"我必须"箱子则更加困难。这个箱子里都是一些必须要做但令人讨厌的事情,没什么乐趣可言,比如换尿布、穿衣服、刷牙、上厕所、打扫房间、起床、上床睡觉、坐在餐桌旁、按要求去做。

有些孩子乐意按照父母所说的去做。对这类孩子而言,"我必须"箱子是正常的,不会引起反感。但大多数孩子都不喜欢进入"我必须"箱子,做那些没什么乐趣的、令人厌烦的事情。履行义务每次都让孩子觉得难以忍受。他们抗拒,情绪变得糟糕,开始反抗或哭闹,结果就是出现"雷雨气氛"。雷雨气氛的强烈程度因人而异,和每个孩子的性格有关,也取决于孩子是否恰好极其厌恶某件事。

★ 尤莉亚和勒内不轻易生气。如果父母叫他们,他们就会过去。他们会自己坐在餐桌边吃饭,自觉上床睡觉。当然,有时候他们也会不高兴,时不时也会掉眼泪。然而在尤莉亚和勒内身上极少出现真正的雷雨,即使出现也会很快消散。这两个孩子的"我必须"箱子没什么大问题。

★ 丹尼尔的情况完全不同。他根本没办法安静地坐着。在幼儿园的圆圈时间[①]坐不住,在家里吃饭时坐不住,就连看电视时他也安静不下来。

---

① 圆圈时间:指孩子们围坐成一圈,各自拿出从家里带来的心爱玩具、小手工制作、涂抹的画作等等,向小朋友们展示,并说出与这个东西有关联的事情;或者就自己身上的衣服、鞋子,做个只有几分钟的即兴表演。

"坐下！"——这显然是丹尼尔的"我必须"箱子。

★ 保罗讨厌要求和命令。人们和保罗说的一切几乎都该列入他的"我必须"箱子里。保罗通常不理睬别人所说的，或者干脆对着干。如果保罗的父母坚持把保罗送进"我必须"箱子里，他会竭力反抗。

★ 玛丽讨厌打扫房间，早晨也不愿意去幼儿园，每天为上幼儿园做准备时她总是磨磨蹭蹭。

★ 每天晚上按时睡觉对弗洛里安来说是最难以忍受的。他总是能想起还有什么事情没做完。

> 如果父母也身陷"雷雨"之中，那么危机就不可避免。

两种可能性

谁把孩子放入"我必须"箱子？谁提出"去做……，马上就去"这个令人讨厌的要求？谁来督促孩子达到要求？几乎所有孩子都不假思索地回答："妈妈。"真希望爸爸们也能参与其中。孩子们不满的情绪必须以某种方式表达出来。"我必须"箱子越满，空气中的雷雨气氛就越浓。越是性格固执和感情冲动的孩子，越容易表现得激烈。无论你是把孩子从"我想"箱子里拎出来，还是把他放入"我必须"箱子，你都是那个要承受孩子怒气的人，最终是你扫了孩子的兴。对待这类情况有两种可能性：

每个孩子都能应对挑战
Jedes Kind kann Krisen meistern

★ 第一种可能：你亲自承受孩子的怒气，让自己置身于雷雨之中，并为雷雨"贡献"闪电和雷鸣。指责和斥骂会带来严重的后果：它会使一句简单的"马上结束"演变成为明显的危机。感情强烈、性格执拗的孩子受到责骂的可能性更大，因为每次将孩子从"我想"箱子里拎出来的行为都会引发强烈的雷雨气氛，一天中甚至能发生多次。

我想	我必须
被抱着	自己走
做决定	有礼貌地说话
有人帮我穿衣服	自己穿衣服
喊叫	平静下来

每场雷雨都会过去。冷静对待，不要置身其中。

★ 第二种可能：你怀着理解的心情，在孩子发脾气时不动声色地观察他，你自己并不置身于雷雨之中，也不"贡献"闪电，而是在雨伞的庇护下等待雨过天晴。

我想	我必须
被抱着 做决定 有人帮我穿衣服 喊叫	自己走 有礼貌地说话 自己穿衣服 平静下来

● **经受冲突：日常生活中的教育箱**

当父母扫了孩子的兴或者让孩子做那些没有什么乐趣、令人厌烦的事情时，父母是不受欢迎的。尽管如此，这也是教育的重要组成部分。你可以并且必须让孩子明白，他想要的未必都是他需要的；同时，一些他不想要的却是重要的、必需的。每一次孩子不能称心如意时，就会出现或强或弱的雷雨天气，对此你心理上要有所准备。这种雷雨很平常，和你并没有关系。即使你的孩子不高兴，表现出不满，也不能证明你就是一个坏妈妈或不称职的爸爸。你的孩子还小，还不能很好地控制自己的脾气和失望的情绪。但你是成年人，要更好地控制自己。

每个孩子都能应对挑战
Jedes Kind kann Krisen meistern

整理"我必须"箱子

每个要求、每句"去做……"都能带来一场夹杂着愤怒和眼泪的雷雨。因此仔细甄别"我必须"箱子里的东西是很有必要的。你需要根据重要程度整理"我必须"箱子,扔掉那些多余的,不要对孩子要求过多。箱子里的东西越清楚明了,孩子越能达到要求。你的生活经验将对分类整理"我必须"箱子有所帮助:哪些事情在你小的时候必须要做,你也做得很好?哪些事情你觉得没必要再要求你的孩子了?你可以和你的另一半认真探讨这个话题,这是一个有趣的题目。

★ **识破"绕行"**:有的孩子很擅长寻找"我必须"箱子的缺口,从而离开"我必须"箱子,并且还能找到"绕行路",再次回到"我想"箱子。孩子们说"好的,马上",其实就是"不"的意思。尽管孩子们会着手做那些令他们厌烦的事情,但不会坚持到底,或者会从中找点儿乐子。比方说,虽然孩子们愿意待在浴室里,但每次洗澡时都会把洗发水瓶子和其他化妆品瓶子弄得一片狼藉。父母必须在浴缸旁边看着他们,直至他们洗完澡,这样做能在孩子尝试"绕行"时立即有所察觉,从而做出恰当的反应。

★ **提供激励**:父母应当主动减小孩子进入"我必须"箱子的阻力。如果每天早晨孩子都和妈妈有一场穿衣服竞赛,这件讨厌的事也会变得有意思。如果把上床睡觉和某种令孩子期待的"睡前仪式"联系起来,比如一个"睡前故事",那么让孩子上床睡觉也就容易得多了。完成一项讨厌的任务后就能做自己喜欢的事儿，那么孩子完成这些任务也就不是那么费劲了。"只要你把这儿整理好，我们就去游乐场！"或者来一场整理游戏："我把汽车装进盒子，你整理那些乐高积木①，你觉得谁能完成得更快？"仔细想想哪些办法会有所帮助，做出这样的努力是值得的。

★ **分担教育的任务**：大部分来到我诊所的父母留给我的印象是，他们并没有合理地分配各自应承担的教育任务，而是谁在家的时间更长（通常是妈妈），谁在教育孩子方面承担的任务就相对更多。

通常情况下这样的分工也不是不可以。问题在于，当爸爸们在家的时候，他们是如何与孩子相处的。大多数爸爸很有责任心，准备好在能力范围内承担责任。然而一些爸爸希望能安静地待着——在繁忙的工作之后必须好好休息。孩子的哭闹纠缠会成为他们指责自己太太教育不当的理由，从而让自己得以脱身。这种爸爸会在筋疲力尽后向孩子屈服，以此来避免冲突。

一些爸爸很乐意和孩子一起待在"我想"箱子里。他们一起嬉闹、踢球、讲故事、玩过家家，却极力避免和"我必须"箱子打交道。那些烦人的事情，比如给孩子换尿布、给孩子穿衣服、哄孩子上床睡觉、禁止孩子做某些事情，都被转嫁给了妈妈。这很不公平。爸爸们也应当分担教育中不讨好的部分，无论是否经常在家。另一方面，妈妈们必须注

---

① "乐高"（Lego）是一家丹麦的玩具公司，亦指该公司出品的积木玩具，有五彩的塑料积木、齿轮、迷你小人和各种不同零件，可以组成各种物件。——译者注

意，不要成为一个地道的"扫兴者"。作为母亲你应当意识到：你无须勉强接受什么，孩子的父亲也必须关心、参与孩子的教育。身为妈妈和主妇，你所做的是一份很有难度的全职工作。父母双方理应一同管理孩子的两个"箱子"！

每个孩子的学习方式都不同

有的孩子让父母很省心，他们很配合，喜欢在安静、平和的环境下认知世界。教育这种类型的孩子并非难事，但教育性格倔强的孩子就没这么容易了。这类孩子一旦不能如愿，就会有激烈的反应。他们拼命地抗争，无休止地吵闹，可能仅仅是因为不想离开浴缸或者不愿关掉电视。

这一类型的孩子并不是"被宠坏了"或者"品性恶劣"。他们只是还没意识到，自己的愿望并非都能立即实现，人们必须尊重其他人的需求。有的孩子很快就能明白这一点，不怎么费劲儿；有的孩子却需要在受到无数次的教训之后，在经过无数次的暴怒和叫喊之后才能明白。

如果在这一点上你重新认识了你的孩子，那么请你完全地接受他。你也无须为此自责。各种因素共同影响着孩子的性格。作为父母，你要陪伴着孩子成长，给予孩子正确的引导，在理解孩子行为的同时坚持自己的立场。必须让孩子清楚地知道，你不会因为他的哭闹纠缠而妥协，而会坚持自己的要求。下一章的问卷调查会帮你做出评估，看看你的孩子有哪些优点，又在哪些方面存在着问题。

公正，坚持原则

许多父母都能很好地处理冲突和危机。他们清楚地向孩子提出要求，即使孩子提出抗议也依然坚持原则，同时给孩子所需要的安全感，让孩子感受到父母的爱和肯定。他们保持公正，坚持原则。如果你还做不到他们那样的话，那么这本书会对你有所帮助。

重点整理

- **孩子们需要什么？**
  - ★ 受到认可
  - ★ 时间和关注
  - ★ 呵护
  - ★ 信任感与知情权
  - ★ 照顾
  - ★ 保护和安全感
  - ★ 自己积累经验

- **父母需要什么？**
  - ★ 安全感
  - ★ 肯定
  - ★ 发展自己的个性
  - ★ 尊重
  - ★ 力量

每个孩子都能应对挑战
Jedes Kind kann Krisen meistern

■■■ 在教育孩子的过程中父母有时需要扮演"扫兴者"的角色。

"教育箱"模型清楚地展示了：

★ 父母必须时常把孩子从"我想"箱子里拎出来：孩子感兴趣的，并非都对他们有益。

★ 孩子不会自觉进入"我必须"箱子里。父母必须把他们放进去：即使没兴趣，有些事情也必须要做。

■■■ **冲突和危机无法避免**

★ 父母必须有经受冲突的能力。

★ 在给孩子定立规矩时，父母必须考虑到孩子的性格。父母应当公正，并且坚持原则。

Jedes Kind kann Krisen meistern

第二章
你的孩子应对危机的能力如何，你自己呢？

父母要想在日常生活中和孩子相处得好，就需要具备某些能力。测试一下你的家庭是否具备这些能力。

自我评估问卷

正确评价你的孩子

本问卷适用于3~8岁的孩子。如果你的孩子只有两岁大，但语言能力强，能理解别人所说的话，也能清楚表达自己的意思，那么你也可以使用该问卷。

通过填写问卷你可以快速地对孩子进行评估。问卷评估的结果并非医学诊断，你不能据此判断孩子是"正常"还是"有缺陷"，但它可以帮助你了解孩子的优缺点，从而对你引导孩子性格良性发展有所帮助。

本问卷以我的诊所中使用的诊断问卷为蓝本，但二者的根本区别在于：心理学家经常使用"问题问卷"，此类问卷涉及的是不受欢迎的、棘手的、有问题的行为举止。如果一个孩子非常明显地同时表现出此类行为，那就是一种"缺陷"，可能需要心理医生的介入。

我认为，父母过度地关注孩子不受欢迎的行为并没有太大的帮助。思考下列问题的意义更大：孩子的哪些行为是好的？多久出现一次？一切顺利进行的事情都值得高兴。许多父母只能看到孩子存在问题的行为举止，却错失了许多令人高兴的事情。多么遗憾！

鉴于这个原因，本问卷使用了肯定的表述，列举出了孩子"正常"

的、积极正面的和受欢迎的行为举止。你需要认真考虑你的孩子多久这样表现一次。我的实践证明，该问卷并不是十全十美的，但对每个孩子而言至少有一部分是适用的，而实际上绝大部分内容都适用。

问卷包含 5 个主题：

1. 社交能力

2. 毅力和注意力

3. 自信

4. 良好的性格和协作精神

5. 睡觉、吃饭、上厕所

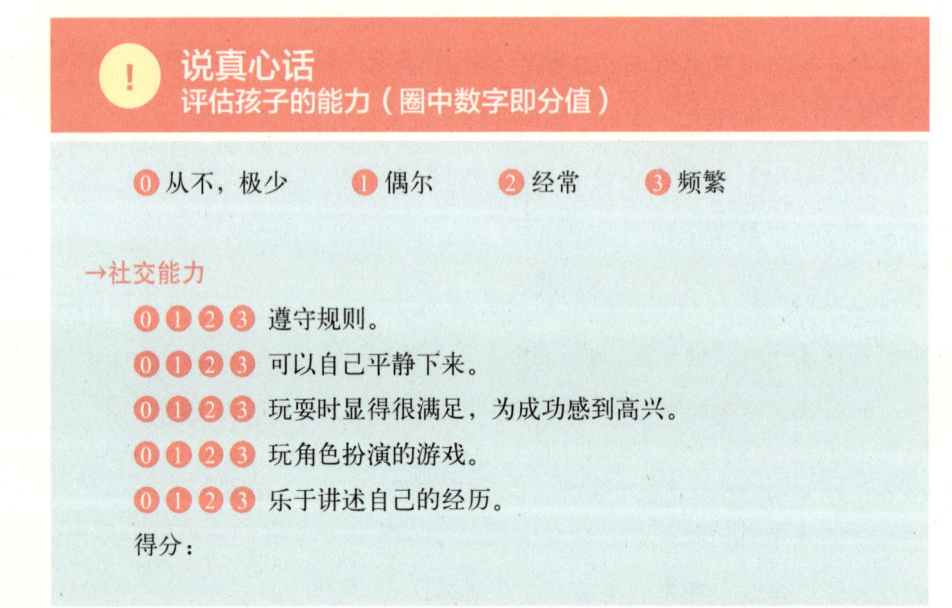

！ 说真心话
评估孩子的能力（圈中数字即分值）

❶ 从不，极少　　❶ 偶尔　　❷ 经常　　❸ 频繁

→ 社交能力

　❶❶❷❸　遵守规则。
　❶❶❷❸　可以自己平静下来。
　❶❶❷❸　玩耍时显得很满足，为成功感到高兴。
　❶❶❷❸　玩角色扮演的游戏。
　❶❶❷❸　乐于讲述自己的经历。

得分：

第二章
你的孩子应对危机的能力如何，你自己呢？

→ 毅力和注意力

⓪①②③ 对很多玩具都有兴趣。
⓪①②③ 能长时间专注于一件事情。
⓪①②③ 有耐心完成一项困难的任务。
⓪①②③ 能静下心来从事一项沉闷的活动。
⓪①②③ 喜欢画画和手工制作。

得分：

→ 自信

⓪①②③ 父母不在身边也没问题。
⓪①②③ 遇到困难时不哭泣。
⓪①②③ 能很好地适应陌生环境。
⓪①②③ 能和家庭成员之外的人自在交谈。
⓪①②③ 保持目光接触。

得分：

→ 良好的性格和协作精神

⓪①②③ 感到失望时保持平静。
⓪①②③ 可以接受"不"，不会认为受到了不公正的待遇。
⓪①②③ 可以不吵不闹地等待。
⓪①②③ 能顺利完成棘手的任务，不磨蹭。
⓪①②③ 和大人讲话时很有礼貌。
⓪①②③ 平心静气，情绪平和。
⓪①②③ 乐意遵从大人的指示。
⓪①②③ 即使不能一起玩耍，也不打搅其他孩子。
⓪①②③ 对其他孩子很友好。

⓿❶❷❸ 爱惜物品。

得分：

→ 睡觉、吃饭、上厕所

⓿❶❷❸ 容易入睡。
⓿❶❷❸ 一夜安睡。
⓿❶❷❸ 端坐用餐。
⓿❶❷❸ 不挑食。
⓿❶❷❸ 会上厕所，不尿裤子不尿床。

得分：

！评估结果：
你的孩子情况如何？

通过这个问卷，你可以大致了解你孩子的优点和缺点。下面是具体的分析。

	非常积极	一般	难以应付
社交能力	13分及13分以上	8~12分	0~7分
毅力和注意力	13分及13分以上	8~12分	0~7分
自信	13分及13分以上	8~12分	0~7分
良好的性格和协作精神	20分及20分以上	11~19分	0~10分
睡觉、吃饭、上厕所	13分及13分以上	8~12分	0~7分

● 社交能力

如果你孩子的评估结果是"非常积极",那么你应当感到高兴:他有能力通过自身的体验去学习,承担起责任。他可以在冲突中使用自己的这种能力:当你把他从"我想"箱子里拎出来或者要求他进入"我必须"箱子时,他也许会生气,但他会找到一种恰当的方式来完成任务。

这一切究竟是你教育的成果还是纯粹是上帝的礼物,没人能说得清楚。但重要的是,你必须对孩子的优点表示赞许,不时地表达出你的喜悦。这将有利于孩子更积极地成长。

如果孩子的多项评估结果不到 13 分甚至还不到 7 分,那么对孩子每一次积极的行为都给予关注就更加重要,这样一来,孩子才会表现得越来越积极。

孩子在学习社交能力时非常需要父母的支持。下面是对该主题下每一个问题更为详尽的分析。

问题一:学习规则

孩子对于遵守规则的态度表明了他的社会适应能力。也许他们需要在受到很多教训以后才能明白,规则是每个人都必须遵守的。当孩子提出"如果我不遵守规则会怎样"这样尖锐的问题时,父母应当给出"我们会督促你按规则做"这样的回答。

问题二：自己平静下来

当孩子发脾气或不高兴时，他们是不是通常都会沉溺其中，闹得越来越厉害？很多父母都有类似的经历。下一次时，父母必须经受住孩子的吵闹。通过多次这样的经历，你可以帮助你的孩子意识到：你确信他会在某个时候停止闹腾，自己安静下来。请保持镇静和乐观，以此向你的孩子表明，只有他本人要为自己的坏脾气承担责任。事实上也只有少数孩子能自己平静下来。大多数孩子通过长时间地发脾气向父母挑衅。

问题三：满足感

你的孩子很少感到满足，也没有一次因成功而喜悦吗？有的孩子虽然满脸泥垢，却独自建成了一座"沙堡"，他满心欢喜，却得到父母一句："你脸上到底是怎么回事！"这样的父母只能让气氛变得糟糕。

也许你的孩子获得的满足感和其他孩子是一样的，只不过他不善于把这种积极感受表达出来。你应该为他做个榜样。当孩子专注地玩耍或者完成了某件事情的时候，你应该向他表示你的喜悦。你应当对孩子说一些肯定的话语："你独自完成了这件事！""在一旁看着你让我感到很骄傲！""我非常开心你能做得这么好！"孩子可能会在某个时候模仿你，采用类似的语句来评价自己。你也许会带给孩子勇气，让他越来越有满足感，虽然可能收效甚微，但无论如何，孩子需要这种认可。

问题四：角色扮演

扮演其他角色，从一个新的视角看这个世界，这对孩子了解社会非常有帮助。如果你的孩子不愿意玩角色扮演的游戏，你可以主动要求和他一起玩。你可以按照孩子的意愿变身为某种动物，或者让孩子在扮演仆人的同时也扮演国王。孩子们对这样的提议几乎不会反对！可以和孩子一起玩"医生病人"游戏或"商店模型玩具"，学唱幼儿园里教给孩子的歌曲。觉得自己唱"小兔子乖乖"和"不怕冷的小企鹅"很幼稚？没关系的，唱这些童谣能让你重新获得孩童般的单纯和快乐。

问题五：讲述自己的经历

如果你的孩子总是很沉默，很少讲述自己的经历，你要为他创造说话的机会，可以是在吃饭的时候，或是进行睡前仪式的时候。每天在睡觉前询问孩子："今天有什么值得高兴的事情？有哪些不开心的事情？"并且向孩子讲述你所经历的开心或难过的事情。应该多讲那些积极的事情，这样孩子就会带着愉快的情绪入睡。即使是"今晚你想梦见什么？"这样的问题也能帮助孩子表达出他的情感和愿望。如果你的孩子依然不肯开口，那你就随他去。也许你的孩子属于大器晚成的类型，终将在某一天蜕变。

● 毅力和注意力

如果你的孩子这部分得分达到 13 分或者更高，那你大可放心。这样的孩子具备良好的先天条件，能通过自身的能力将事情做到最好，能独立、自愿地学习。如果你的孩子处于中间水平或得分很低，你应该如何帮助他？从第 99 页起，你将会获得相应的指导。

● 自信

绝大多数孩子在新环境或在陌生的地方都需要时间去适应，直到他们感觉到"亲切"，至少不再那么害怕。这并不是缺乏自信的表现，而是对陌生事物应有的戒备心。

很多孩子都不愿意在小群体里引人注目，而是希望每件事情都做得"正确"。虽然他们在家里有时候行为激烈，但在幼儿园和去别人家做客时，往往彬彬有礼，很有教养。这也不是缺乏自信的表现，而是"内向基因"在发挥作用。这种"内向基因"使孩子更容易适应社会，容易自我控制，孩子会尝试在新的环境里运用那些你教给他们的规则。一旦你的孩子适应了新的环境，即使他还有些羞怯，也能无拘无束地表现自己，那么你应当为此感到高兴。但如果经过一段时间的适应后，你的孩子依然十分恐惧分离，几乎不（或者从不）和其他人说话，动辄会因为一点儿小事掉眼泪，那就有可能是自身性格的原因：忧虑不安，缺乏自信。你应该如何帮助他？从第 135 页起，你将会获得相应的指导。

● 良好的性格和协作精神

如果这部分的得分达到 20 分或者更高，说明你的孩子是一个非常具有合作精神的、易于管教的孩子。你可能根本不能理解，为什么有的父母会觉得教育孩子是一件困难、费力的事情。是不是他们的父母在教育孩子时行为不当？事情并不是这么简单。在一个家庭里往往会出现这样的情况：一个孩子非常温顺，另一个却性格执拗，并随时准备"战斗"。他们的父母会经常向我咨询，向我叙述他们平时教育孩子时遭遇的严重危机。根据我的经验，本问卷主题的前四个问题对孩子尤为重要。如果你的孩子这部分得分不高，那么你很有可能需要经常克服危机。如何更好地处理这个问题？从第 52 页起，你将会获得相应的指导。

● 睡觉、吃饭、上厕所

这和孩子的年龄有很大关系。即使是 6 岁的孩子，能整晚不尿床也不容易！这部分的评估和整体得分没有必然联系，每一个问题都可能成为家庭中沉重的负担：如果孩子在睡觉方面存在问题，即使他大小便时知道叫你，吃饭时也很自觉，你也会觉得孩子"很难对付"。这里涉及的每一种情况都与孩子的身体需求有关。因此你必须格外细心地和孩子相处，因为事实上只有孩子最清楚自己需要什么。从第 165 页起,你将会获得具体的指导。

正确评价自我

父母也有优点和缺点。在这份问卷的帮助下,你会了解自己哪些方面做得很好,哪些方面还需要改善——前提是你如实回答问题。有意思的是,你可以让你的爱人为你再做一次评估,看看答案和你自己给出的是否一致。

> **! 说真心话**
> 评估你和孩子相处的能力(圈中数字即分值)
>
> 注意:在"表述清晰明确"和"坚持原则"这两部分,你的指示和你预先告知孩子的后果应当是合理的、经过充分考虑的,这样得分才有效。
> ⓪ 从不,极少　①偶尔　②经常　③频繁
>
> →自制力
> 当我的孩子有不恰当的行为时……
> ⓪①②③ 我能够保持冷静。
> ⓪①②③ 我的语气平静、肯定。

⓪①②③ 我会以不具有伤害性的表达方式让他明白：这么做是不恰当的。

⓪①②③ 然后我会很快地原谅他，并且忘记这件事。

⓪①②③ 我的反应过于激烈，我会向他道歉。

得分：

→ 表述清晰明确

⓪①②③ 在我让孩子承担后果之前，我会提醒孩子最多三次。

⓪①②③ 如果我给孩子设立了界限，我就很少再说什么。

⓪①②③ 当孩子做什么或者不能做什么对我来说很重要时，我会给出明确的指示。

⓪①②③ 如果孩子就某项禁令或指示跟我讨价还价，我会坚持我的立场不动摇。

得分：

→ 坚持原则

⓪①②③ 当孩子有不恰当的行为时，我会立刻做出反应。

⓪①②③ 我会把预先告知过孩子的后果付诸实践。

⓪①②③ 如果孩子对我的要求置之不理，我会采取行动。

⓪①②③ 当他因为某项禁令而恼火时，我仍然会坚持。

⓪①②③ 我会让他清楚地知道，哪些是允许的，哪些是不被允许的。

得分：

→ 关注孩子

⓪①②③ 如果孩子的行为合乎规范，我会发自内心地赞赏他。

⓪①②③ 如果我对他的行为感到高兴，我会告诉他。

43

❶❷❸ 我会向孩子表明，我信任他。
❶❷❸ 我会和孩子有身体上的交流，会抚摸他。
❶❷❸ 我会对孩子说，我有多么爱他。

得分：

！评估结果：
你的情况如何？

以下是详细的分析：

主题	应该达到的最低分数
自制力	10 分
表述清晰明确	8 分
坚持原则	10 分
关注孩子	10 分

● **自制力**

你可以做到原谅和忘记吗？你能保持冷静吗？你在冲突中能保持克制吗？当你某次没能克制住自己，你能做到给孩子道歉吗？你给出的肯定回答越多，情况就越好。如果你的分数低于 10 分，你就要重视起来了。注意自己的行为，尝试获得更高的分数。父母越难自我控制，孩子越容易变得冲动固执，自制力对这类型孩子的父母来说非常重要。冲动固执的孩子对各种可能发生的情况都感到兴奋，会因为一点儿小事而激动不已，他们尤其需要这样的父母：像汹涌波涛中的岩石那样，不受暴风和雷雨的侵袭，安稳平静。

你觉得这对你来说是很难做到的？"我禀性难移，很容易发怒！"你是这么认为的吗？你是成年人，和孩子相比，应该更加有意识地、更加积极地做出改变。

● 表述清晰明确

你和孩子说话时能够表述清晰，并且孩子也会仔细倾听吗？你能说话不离题，不接受孩子的讨价还价吗？如果你得到了8分或以上，就表明你在"表述清晰明确"这一点上已经做得相当好了。如果得分不到8分，你应该尝试获得更高的分数。

● 坚持原则

"坚持原则"是"表述清晰明确"的延续。如果说教对孩子已经不起作用，那么父母必须以行动获得期望的结果，而且尽可能以合理的、预先告知过的手段。孩子要承担的后果必须和孩子做的或拒绝做的事情有因果关系。你是否已经清楚地让孩子知道他应该遵守哪些规则？当孩子违反规则时你的反应是否合理，态度是否坚决？如果你在这方面做得不够好，那还需要努力。10 分是应达到的最低分数。如果你的孩子属于固执类型，在任何情况下都想自己做决定，那"坚持原则"这一能力对你来说尤为重要。

● 关注孩子

关注孩子积极的一面，向孩子表达出你对他的爱，增强孩子的自信心，你知道这些都非常重要。但你能总想到这些吗？一天有几次？这部分涉及的要点并不多。你的爱和关注是孩子最迫切需要的。你对孩子的爱和关注能弥补你在其他方面的不足。

重点整理

在第一份问卷的帮助下，你可以发现孩子在哪些方面表现积极，哪些方面出现困难。非常重要的有：
- ★ 社交能力
- ★ 毅力和注意力
- ★ 自信
- ★ 良好的性格和协作精神
- ★ 睡觉、吃饭、上厕所

你的孩子越是符合要求，应对危机的能力就越强。

通过第二份问卷你可以清楚地了解自己作为父母在与孩子相处过程中的优缺点所在。下面几种能力非常重要：

⭐ 自制力

⭐ 表述清晰明确

⭐ 坚持原则

⭐ 关注孩子

你越是符合要求，应对危机的能力就越强。

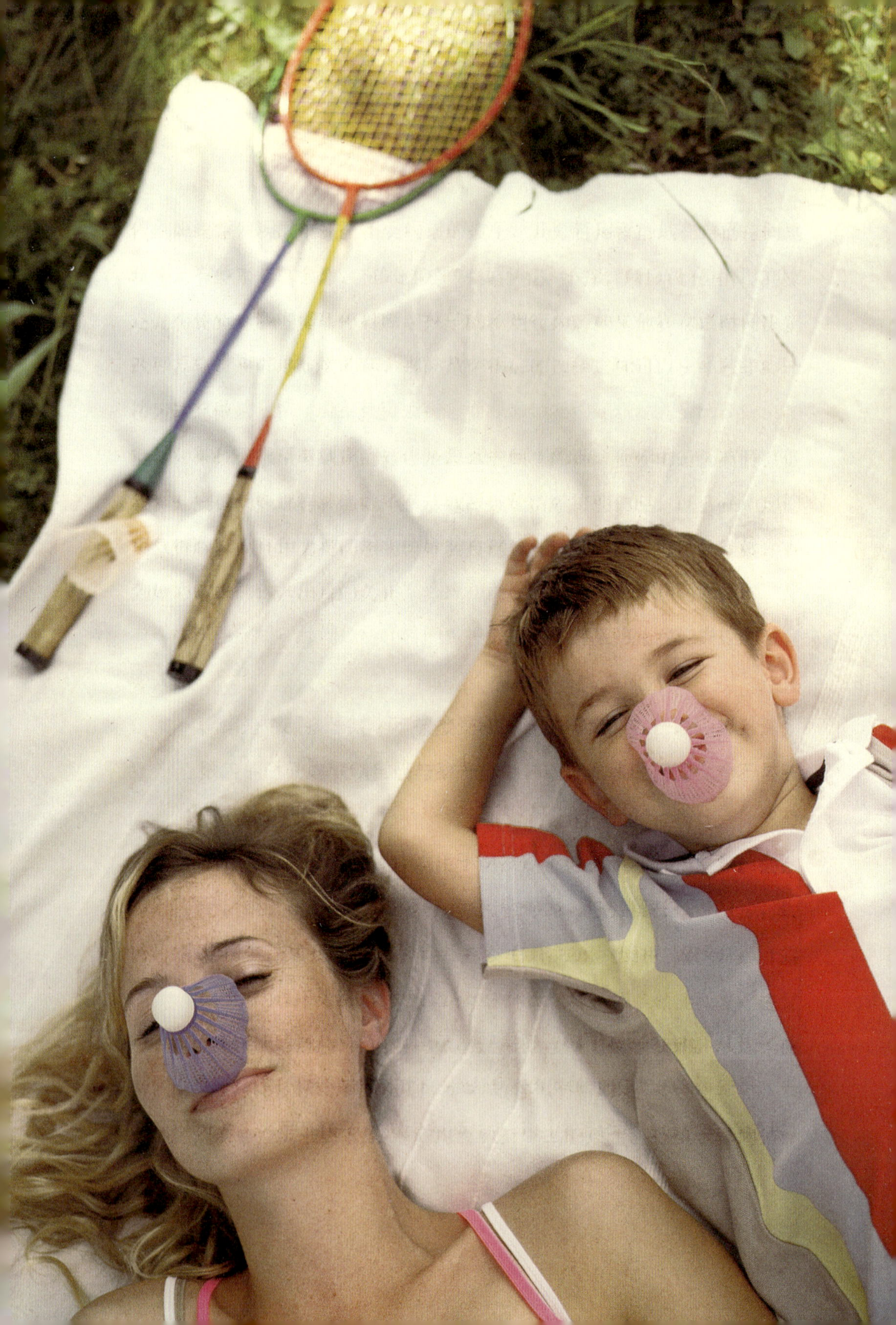

Jedes Kind kann Krisen meistern

第三章
这样帮孩子克服危机

你的孩子是一个小战士？他安静不下来，注意力不集中，还是胆小害怕？他在睡觉、吃饭和上厕所等方面存在问题吗？通过本章内容你将学会克服各种危机通用的办法，帮孩子应对各种挑战。

克服倔强的孩子身上的危机

"我来做决定！"

有的孩子很容易教育。如果你的孩子在问卷评估中"良好的性格和协作精神"这一主题上得分较高，那他就属于这种类型。他会自己从"我想"箱子里出来，你最多也就需要提醒他一下而已。这样的孩子在"我必须"箱子方面也没太大的问题。他有时会不满地嘟囔、发发牢骚，但即使是他没兴趣的事情，只要是必须做的，他最终还是会乐意去做。这样的孩子身上很少发生危机。相应地他们的父母也会少犯很多错误。即使犯错误，也都不怎么严重。这类型的孩子能自己处理好最重要的事务。

固执、叛逆的孩子情况恰恰相反，尽管坚强的意志日后会发展成一项非常积极的素质：人们需要有坚强的意志，才能克服重重困难，最终实现长期目标。但处于儿童时期的孩子暂时还没有有意义的长期目标——他们只是想拥有他们想要的一切，并且是刻不容缓。为了达到这样的目的，有的孩子会用头撞墙，表现得非常执拗，为每一件小事而战斗。他们最喜欢的一个字就是"不"，最喜欢说的话是"我不想！"和"我偏要！"。他们无法忍受事情不按照他们的意愿来进行，因此他们讨厌一切出乎意料的变动。他们也不能接受失败，还厌恶别人给他们定规矩。只要让他们自己发号施令，或者为其他人做决定，那一切都会很顺利。一旦有人违抗他们的意志，或是向他们提出要求，他们就会不高兴。接下来他们会竭尽全力地试探："看看我这样做是不是不能达到目的。"父母经常扮演"扫兴者"角色：时常会把他们的孩子从"我想"箱子里拎出来，放进"我必须"箱子里。

教育固执的孩子是一项挑战，教育方法时常滞后。更费劲儿的是，这类孩子在说"不"的同时还会大发脾气，又很好斗，具有暴力倾向。即使是兄弟姐妹间的争吵，往往也是为了"我要做决定"。如何与孩子一起克服这些无法避免的危机？你会从本章获得答案。

"你说的我就不做！"——对抗行为

父母可以使用哪些方法应对孩子对抗、不服从的行为？有一些处理方法很常见，也很普遍，但通常效果不好。我将向你们介绍其中的三种，然后再为你们推荐一种新的解决途径。

● 一开始有对抗，最终达到目的

保罗（3岁半）想要做决定。如果不允许他做什么，他会因为生气而尿在裤子上，以一种挑衅的、令人不快的语气要求妈妈给他换衣服、抱他上楼。他向妈妈大声叫喊，哭闹纠缠。他的妈妈冷静客观地对他说："好好和我说话。"但保罗不接受这一要求，继续哭闹叫喊。于是他的妈妈再次坚决地说："我希望你好好和我说话。我不喜欢你的这种语气。"她清楚地重复了这个要求好几遍，但仍然无济于事。最后保罗的妈妈开始和他商量："你必须明白，如果你再这么哭下去，我不会为你做任何事情。如果你想让我帮助你，首先你得有礼貌。"结果保罗开始骂人："你是个讨厌的妈妈！坏妈妈！你从不帮我！"同时使劲地用拳头打妈妈的腿。

以孩子受到惊吓结束

在此之前保罗的妈妈还能控制自己，但现在保罗太过分了。妈妈开始大声地向她的儿子说话，并且威胁他："你要是现在还不停下来的话，看我怎么收拾你！我会把你关起来！"这么说还是没用，于是妈妈抓住保罗，将保罗硬拖进了他自己的房间。保罗大喊大叫了一会儿后，自己安静了下来，最终自己换了干净的衣服。但他的妈妈也几乎崩溃。整个过程持续了半个多小时。这件事以孩子受到惊吓为结局，并非"结果好即全局好"。

发生了什么？

让我们再仔细回顾一下整件事。保罗和妈妈之间发生了什么？保罗的妈妈应该怎样应对保罗的抗争和他"自己做主的意愿"？

保罗的妈妈试图将保罗从"我想"箱子里拎出来。她要求他友好地说话，但保罗不愿意那样做，并且更加生气，更激烈地开始抗争。于是，母子之间开始了一场"雷雨"。状况不断升级，如下图所示。

妈妈	孩子 行为不当
请求 →	置之不理
要求 →	置之不理
再次要求 →	置之不理
不断提醒 →	置之不理
商量 →	置之不理
叫喊 →	骂人
威胁 →	叫喊，打人
行动（把孩子关到屋子里）→	自己安静下来

对固执的孩子来说，激烈冲突不可能完全避免。当事情没按保罗的设想进行时，他不可能那么快地接受。他一定要抗争。

雷雨的后果

保罗的妈妈没办法改变保罗的性格，这对她来说很难接受。但她可以决定如何去应对保罗的坏脾气！在我们所举的例子中，保罗的妈妈让自己身陷"雷雨"之中——最后还亲自贡献了闪电和雷声。

虽然保罗的妈妈成功地把保罗从"我想"箱子里拎出来并放入"我必须"箱子，但她筋疲力尽并感觉糟糕，因为一切是这样结束的。保罗也筋疲力尽，他觉得自己受到了妈妈不公平的、粗暴的对待。

在采取有效行动前的整个时间段里，保罗不恰当的行为受到了过多的关注。保罗的妈妈最终虽然达到了目的，但付出了太大的代价。

● 一开始有对抗，最终耗尽精力而做出让步

有时保罗的妈妈没有力气在这样的情境中坚持自己的原则，在和孩子或长或短的对抗之后最终耗尽精力而做出让步。这样一来，保罗就在雷雨后留在了"我想"箱子里。他的妈妈会把他抱起来，给他换上干净的衣服，就好像保罗是个小婴儿似的。而这正是保罗所期望的。

每个孩子都能应对挑战
Jedes Kind kann Krisen meistern

我能走多远？

像保罗这样执拗的孩子经常会有这样的经历：父母筋疲力尽，最终向他们做出让步。这会带来不良后果。这样的经历会怂恿孩子不断挑战父母的底线。如果父母已经说了很多，但很少或从来没有采取过行动，那么孩子就会从中得到这样的错误信息：无礼的说话方式、骂人和打人最终是有成效的，通过这些方法可以恣意妄为；自己能够决定其他人的行为，也能得到自己想要的东西。

> 我能走多远？
> **我想走多远都行。**
> 如果我不遵守规则会发生什么事情？
> **什么也不会发生。**
> 谁赢了？
> **我。**

学会这些对保罗没有好处，这些不是他真正需要的，现在不需要，以后也不会需要。

● 对孩子严厉并使用强势手段

保罗的爸爸有自己应对儿子行为的办法。他工作很辛苦，回到家里需要有一个安静、和睦的环境来休息。他时常指责是妻子"前后不一致"的教育方式让保罗变得不听话，但就算他在场，保罗也照样不守规矩。于是他就开始责骂保罗："你现在又在干什么？你听不见吗？"保罗不停地嘟囔。爸爸的声音大了起来："够了！现在回你的房间去！"保罗没有按照爸爸说的做，反而哭得更大声了。他的爸爸爆发了。他一把拽住保罗，在屁股上揍了几下，然后把保罗关进了房间，并且说道："敢出来你就试试看！"起初保罗还哭得很厉害，不知道什么时候就自己安静下来了。

这次的雷雨持续时间短，但却很强烈。保罗觉得自己很可怜，很无助。爸爸的呵斥和体罚让他害怕。或者他会模仿爸爸的行为……在这一情境中，他没有被公正对待，而且受到了惩罚，但他仍然没有机会学会为自己的行为承担后果。

● 说话温和，行为坚定

有什么值得推荐的好办法吗？如果保罗的父母不置身于雷雨之中，而是撑着伞待在旁边，情况可能会好一些。应该让保罗独自站在雷雨中，由他自己决定要不要去换干净的衣服。

为什么说了很多却经常没有什么用？

"当短短几句话不起作用时，我就必须长篇大论。"这种想法是错误的。执拗的孩子会想："亲爱的爸爸妈妈，我听到你们说的了，但我就是想知道，如果我不按你们说的办，你们会怎么做。这非常刺激，我必须得试试。"对他们来说,"不"绝不是停止的信号,而是他们提出了去试探的要求:"如果我偏要这么做呢?接下来会发生什么?"他们个个都是小社会学家,大多数都可以在"青年研究"方面获奖,因为他们不断地通过实验确定自己能走多远,能得到什么。

如果父母认为讲道理会获得认同,那么他们就会处于一个不利的位置。人们可以通过讲道理很好地劝服性格温和的孩子,但这对执拗倔强的孩子行不通,他们只能从事情的结果中学习。

怎么做才有效果?

面对执拗倔强的孩子,父母需要把简洁的话语和有效的行动结合起来。就我们所举的例子来说,事情可以按照我向保罗的妈妈建议的那样处理:

事情的起因还是一样:保罗很没礼貌地和妈妈说话。首先妈妈应向保罗明确表达她的意愿:"保罗,和我说话时态度好一些吧。我们要友好相处,这你知道。"如果保罗继续骂人,继续挑衅,她可以再重复一次这句话,最多重复两次。

如果还是没用,就让保罗自己选择:"保罗,你可以和我好好说话,那么我会帮助你;也可以选择继续骂人,那你就必须回你自己的房间,独自做所有的事情。"然后询问他的决定:"你想让它发生吗?"

他的回答通常是:"不,我不想待在房间里!"然后他的妈妈就问:"那你现在必须怎么做?"

有时候到了这个阶段，保罗还是会坚持自己的意志。他不再哭闹，不再向妈妈挑衅，说话也有礼貌了，但仍旧执拗地待在那儿不动。这时要怎么办？

这时妈妈应该立即采取行动，按照之前说过的那样，把保罗带到他自己的房间里，必要时可以稍微使用一点儿"力量"。妈妈要留意的是，保罗在房间里待了多久就安静了下来。一旦他安静了超过两分钟，就可以让他出来了，但衣服还是必须让他自己去换。

通过这种方式保罗学会了自己承担责任。他必须做出一个抉择。如果他还坚持自己的意志，那就要自己寻找解决办法。这是有益的。

妈妈	孩子 行为不当
清楚的指示 →	置之不理？
↓	
提供可能的选择 →	置之不理？
↓	
询问孩子的决定 →	置之不理？
↓	
行动（让孩子承担必然的后果） →	终止不当的行为

> **！ 说真心话**
> **你如何对待"雷雨天气"？**
>
> ○ 无论如何我要达到目的，必要时会采取呵斥和体罚的手段。
> ○ 我会置身其中，但最终会向孩子让步。
> ○ 我会置身其中，最终会达到目的。
> ○ 我并不置身于其中，而是给出一个清楚的指示，向我的孩子提供可能的选择，然后会严格按照我说过的那样去做。

也许在自己的房间里保罗也不会很快安静下来。这没关系。他的妈妈对他很公正。保罗自己选择了继续无礼地说话，那他现在就必须承担这个必然的后果。只有这样他才能得到教训。

保罗的妈妈从中获得了很有用的经验。当然保罗还会想做决定，有什么不合他的心意，他还是会骂人，会哭闹叫喊，但不再有长时间的战争了。而且到最后保罗会越来越愿意合作。这样一来就达到了双赢的局面：保罗和妈妈都是赢家。

● 怎么才能做到行为坚定

针对所谓"后果"存在一个前提，那就是你的孩子必须知道，哪些是被允许的，哪些是被禁止的。孩子必须了解最重要的家庭规则，所以一开始你就要确立家规，这是你不可推卸的责任。以下问题可供你作为确立家规时的准则：

★ 我的孩子需要什么？

★ 什么会对他日后掌握自己的生活有所帮助？

★ 哪些方面是他应该学会考虑的？

据此确立孩子与他人交往时、在日常生活中、在履行义务和承担责任时应遵循的规则。清楚地给孩子确立规则是非常有帮助的。你和孩子都应该清楚，孩子违反某项规则要承担什么样的后果。你所预设的后果必须是公正的、经过深思熟虑的。

确立合理恰当的后果

孩子的不当行为会针对成人、其他孩子或物品，或者是在某项活动中越过了界限。所谓"合理恰当的后果"是指将孩子与那些承受了他们不当行为的人或事隔离，或者是指只要孩子没有完成某项他们讨厌的任务，就将他们与那些令他们愉快的事情隔离。

让后果立即显现

一旦孩子有不当行为，应立即让他们承担相应的后果。只有这样孩子才能感受到两者之间的联系。

确定时间上的界限

恰当的时间界限让应承担的后果显得公正、有可预见性。如果没有界限，应承担的后果很容易演变成随意的惩罚。还有一个好处就是，孩子得到了第二次机会，能够直接从事情的结果中学习。

对后果一以贯之

和你的爱人达成一致：一个人做了什么，另一个也应该效仿。要让孩子确实承担自己不当行为的相应后果，有必要的话一天多次也无妨。你这次是怎么做的，下次也要这么做。

原谅和忘记

如果孩子接受了后果并且自己平静了下来，你应该再次向他敞开怀抱。你要向他表明，你相信他下一次会做出更好的选择。但你要考虑到，在执拗倔强的孩子决定不再反抗、开始合作之前，他们需要很多次机会。

❗ 父母的坚定行为

孩子的行为	后果	隔离
丹尼（6岁）骑着自行车离开了游戏街①	接下来的3天不允许他独自骑自行车去外面玩	与自行车隔离（物品）
萨姆埃尔（4岁）拒绝整理房间	一至两周不可以玩那些四处散落的玩具	与玩具隔离（物品）
菲利克斯（5岁）无礼地朝爸爸叫嚷	他必须独自在其他房间待儿分钟	与爸爸隔离（人）
特瑞莎（3岁）在游乐场捉弄其他孩子	她必须和爸爸或妈妈一起在长凳上坐几分钟	与其他孩子隔离（人）
蒂尔（2岁）跑开了	他有几分钟必须被牵着手	与自由行走的可能性隔离（令人愉快的事情）
努丽亚（4岁）晚上睡觉前磨磨蹭蹭	睡前故事时间很短，很快结束	与朗读隔离（令人愉快的事情）
马努埃尔（7岁）拒绝完成作业	只有完成作业他才能约别人或者出去玩	与约朋友隔离（令人愉快的事情）
丹尼尔（6岁）未经允许看电视	这一天不允许他再看电视	与看电视隔离（令人愉快的事情）

---

① 指标明了"不可穿行"的专供儿童游戏的街道。——译者注

⚠ 一个卓有成效的惩罚手段：暂停[①]

当孩子行为不当时，"暂停"往往是唯一有效的处罚手段。
- ★ 父母要确定，孩子在什么行为之后会被叫"暂停"，并且要告诉孩子。
- ★ 父母确定一个"暂停"场所（比如孩子的房间或者走廊）。
- ★ 父母把孩子带到"暂停"场所，并关注他的举动（保证安全），必要时可以关上门（不要锁门！不是小黑屋）或者抵住门，以防止孩子离开。应控制"暂停"的时间：按其年龄计算，如2岁2分钟，3岁3分钟……依次类推。
- ★ 父母每隔一到两分钟安抚孩子一次。父母打开门问孩子："现在好了吗，还是我必须再把门关上？"
- ★ 当孩子自己平静下来后或者事先定好的"暂停"时间一到，就要还孩子"自由"。
- ★ 必要时可以再次实施"暂停"。

"四个问题"技巧：引导孩子一起思考

当孩子清楚地知道自己应遵循的规则，也预先知道违反规则的后果时，该技巧尤其有帮助。即使孩子自己给不出答案，他也必须一起思考，这样孩子能更容易地找到解决问题的方法。

当孩子违反规则时，依次向他提出下列问题：

[①] "暂停"本是一个人们很熟悉的体育术语，但在欧美，它作为惩罚幼童的最后手段，普遍被老师和家长接受和运用。孩子一旦被叫"暂停"，不但玩的权利被取消，还要离开小伙伴们，独自一人静坐一旁。——译者注

1. 这个规则是什么？
如果孩子回答不出，你告诉他答案。
2. 违反这个规则会有什么后果？
如果孩子回答不出，你告诉他答案。
3. 你想让它发生吗？
如果孩子回答"是"或者不回答，就让他承担相应的后果。如果孩子回答"不"，提出下一个问题。
4. 那你现在可以怎么做？
如果孩子不回答，就让他承担相应的后果。如果孩子自己找到了解决方法，也那么做了，那他就应该受到表扬。

大发脾气——冲动行为

冲动行为，如发脾气和挑衅，在瑞士儿科学教授雷默·拉尔戈博士看来，这是"常见于儿童的（教育）危机"。这一观点至少适用于2~4岁的孩子。然而即使是"常见的"危机也必须克服。如果孩子的脾气没有随着年龄的增长消失，而是保持原样甚至越来越大，情况会更加严重。那时就不再是"常见的危机"了，而是如上一节内容所描述的，成为对抗行为的一种尖锐表现形式。

● 4 岁之前发脾气

玛莲娜开始发脾气时还不到两岁。她的坏脾气随时会出现：没有立即得到想要的东西时，被禁止做什么事情时，没有达到目的时。发脾气时玛莲娜会整个人扑在地上，大喊大叫，或者扯着妈妈的裙角尖叫。玛莲娜是个执拗的孩子，可能一天会发好几次脾气。更严重的是，她发脾气的过程能够持续两个小时。玛莲娜的父母非常无助。尽管他们也试图让玛莲娜安静下来，但都徒劳无功——除非玛莲娜的愿望立刻得到满足。"常见的危机？"对这种说法玛莲娜的父母笑了笑，看上去很疲倦。

事实上玛莲娜发脾气的行为很正常，也符合她的年龄，只不过和其他孩子相比，她发脾气的次数更频繁，发起脾气来更激烈，持续时间更长。这一方面和玛莲娜本身的性格有关，她是那种精力充沛的孩子，会因为没吃到第二个冰激凌连续叫喊两个小时；另一方面和她的父母有关，他们没有正确应对玛莲娜的这种经常叫喊的行为：他们有时做出让步，有时试图分散玛莲娜的注意力，有时很没耐心地大声呵斥玛莲娜。玛莲娜无法从中得到有益的经验教训。

慕尼黑有一项研究表明，该年龄段三分之二的孩子脾气暴躁。这一现象在语言上也有所反映：巴伐利亚州施瓦本地区有"惹人嫌的反抗期"的说法，英语中也有"可怕的两岁"（terrible two）的表达。

究竟什么会激怒两岁的孩子？

这样的说法也许让你感到惊讶：愤怒证明孩子的智力正在发育。愤怒通常是因为失望和沮丧："我想做——但不被允许"或者"我必须做——但我不愿意做"。还有就是："我想做——但我做不好。"自我意识是儿童发展过程中重要的里程碑。在孩子可以思考"我想……"之前，他必须已经理解"我就是我"。在孩子一岁半至三岁大时自我意识开始逐渐萌发。在这一时期的某个时候孩子第一次能从镜子里认出自己，某个时候孩子在他的语言里开始使用"我"这个字。这时孩子开始试探："我能引起什么？"他开始有目的地尝试并期待结果——就像是一个小社会学家。对两岁的孩子来说，这难道不是一个了不起的表现吗？

然而孩子期待中的结果并没有出现。这简直就是灾难！孩子刚才发现自己可以撼动这个世界，但现在有人或事阻碍了他！这对孩子来说不是小事情，确切地说如同世界毁灭，尤其是没有理由发火的时候！

当然，如果有什么事情没有按照孩子期待的那样进行，比如父母突然让孩子自己单独睡觉，而不是像往常那样让他在妈妈的怀里睡去，孩子往往会先哭闹。这时他还不能有针对性地试探什么。从大约两岁起，孩子才会具有这种能力。这时的孩子清楚自己想要怎么样，他的行为具有目的性，为了达到目标会竭尽所能。可惜多数时候他们很难达到目的，因为他还不能清楚地表达自己的想法，也还不会体谅他人。此时的孩子只能从自己的视角去观察："我是这个世界的中心！一切都必须围绕着我转！"一旦情况发生变化，孩子会觉得是一场巨大的灾难。孩子不能完全理解这个世界，不得不表现得非常激动。

> 发脾气令人感到疲劳和紧张，却是孩子自我发展的一部分。

还记得我们在第一章所说的"教育箱"理论模型吗？发脾气好比一场猛烈异常的雷雨，夹杂着世界末日到来时的情绪，有雷鸣，有电闪，还有大雨倾盆。失望和沮丧的情绪必须得到宣泄！下面是几条对处理这种状况很有帮助的原则：

不要亲自承受！

在这场雷雨里你不要做任何尝试！虽然孩子是有目的地试图达成自己的意愿，但他的怒气没有针对性，仅仅是他的失败或他的失望、沮丧情绪的产物。请不要向孩子表示他的行为会令你生气！以他的年龄，他还不能够故意惹人生气，因为他还不具有洞察他人的能力。你会在他发脾气时感觉糟糕，这一点孩子目前还无法理解。

了解这一点会让你在应对这种局面时更有把握。孩子的叫喊和跺脚让你恼火，但却不能伤害到你。你无须感到内疚或觉得自己是一个"不称职的妈妈"。你可以微笑着或至少不动声色地站在孩子的不远处，用友善、平静的语气和他说话，而不是表现出气愤、恼怒的反应。你可以向孩子表明，你接受他的怒气，你理解他的"疾苦"，并且可以这么跟孩子说："我可怜的小宝贝，你的确应该生气，你很辛苦。"

不要过于关注！

"雷雨"的强度和频率不只和孩子的性格有关，父母的反应也会对其有所影响。玛莲娜的父母不断地在安慰、责骂和让步中摇摆不定。玛莲娜经常从她的怒火中得到好处，比方说她在最后还是会得到自己想要的冰激凌。玛莲娜就像一个聪明的小学者，她很快就清楚了这一点。她逐渐开始有目地发脾气，在与父母的对抗中以此作为王牌。四岁的玛莲娜脾气有增无减，比以前更加暴躁。玛莲娜的父母似乎免受了玛莲娜的叫喊和执拗之苦，代价是他们经常恼火地、筋疲力尽地做出让步。这真不是一个好现象。

如果孩子对你友善的话语和提供的帮助无动于衷，最好让他单独和他的怒气待在一起：你离开房间即可。如果孩子跟着你，那是因为他的怒气需要观众，这时他就应该承担合乎逻辑的后果（见第64页）。

跟孩子和解

如果孩子自己平静了下来，那么一个简短的和解仪式会有所帮助，可以给孩子一个拥抱，并高兴地对孩子说："现在一切又好了，我真的很开心。"

● 4 岁之后的冲动行为

从 4 岁起，大部分孩子的脾气开始收敛。这时的孩子可以更好地用语言表达自己的想法，他们学着磋商、谈判，试着寻找更多的解决方法，同时也开始为他人着想，能从他人的角度去审视自己。他会想："妈妈现在可能在想什么？"他能看出别人过得好还是不好。他有能力顾及到其他人。他能区分出假象和事实。

当然，要想让孩子像个成年人一样自省还需要几年的时间。到了上学的年龄，孩子才开始学习批判性地评判自己的行为，把自己的行为和普遍的规则做比较。孩子此时可以逐渐理解间接语言所传递出的信息，如谚语、双关语、暗示、讽刺。和自己对话越来越重要：行动之前孩子会先思考，回想有关的经验教训。孩子能够确立目标：为某事而节约、学习或练习。孩子不再要求愿望立即得到满足，现在他们能够等待。他们具备了计划和组织的能力。

一些孩子依然冲动

每个孩子这一发展阶段持续的时间长短是有差别的。有的孩子到 8 岁结束，有的孩子要到 12 岁。在这个阶段，一些孩子仍然非常冲动。在他们的身体里就好像有两个灵魂：尽管他们也取得了进步，有时也表现得非常好，但大部分时间的表现不尽如人意，所有学过的东西好像都忘了。

> 重要的学习方法：展望未来，并为此回顾过去。

玛莲娜就属于这类孩子：反抗期虽然结束了，但冲动并没有随之消失。7岁时，玛莲娜仍然一天发好几次脾气，原因往往无法预见。大多数时候是为了一些小事情：当她早晨应该自己穿衣服时，当她应该收拾餐具或写作业时，当她在游戏中没能处于上风时，她就开始大喊大叫，大发脾气，谩骂父母和弟弟。

某些事情对于玛莲娜这样的冲动型孩子来说非常困难：

★ 批判性地评判自己的行为？没时间。意外事件总是别人的责任。

★ 等待？不可能！我必须赢，必须总是第一名。

★ 确定长期的目标？不想。未来很遥远。我想要现在就做我想做的事情。

★ 先思考再行动？这花的时间太久了！我更愿意不假思索地开始行动，考虑是以后的事情——如果会考虑的话。

★ 为别人考虑？以后也许会，但现在我才是最重要的。

★ 思考、评判失望、沮丧和失败的情绪？不行！怒气必须得到宣泄，而且必须马上、不受限制！

抓住现在

你会注意到：对冲动型孩子来说，"现在"特别重要，过去和未来相对不重要。3岁以下的冲动型孩子和普通孩子无异，随着年龄的增长，冲动型的孩子会越来越引人注意。他们和其他孩子一样聪明：他们有能力为别人着想，能够顾及他人，可以等待、计划，也能够激发自己的积极性。但通常他们不这么做。他们频繁地为一些琐事发火，像个两岁的孩子那样发脾气，用头去撞墙，一再惹人生气。他们为什么不能从中学习呢？

答案就是：他们没时间。他们的速度太快。他们的油门总是踩到底，而刹车失灵。有时候这样很好：在应答机敏、创造力和创新能力方面，冲动型孩子无人能及。但这样也经常出问题：油门踩到底的话人会在转弯处飞出去。如果刹车能起作用，在很多情况下孩子首先会停下来，和自己简短对话："这儿发生什么事了？我以前有过类似的经历吗？现在不去做什么比较好？有什么好的解决办法吗？"

刹车失灵会导致车子偏离路线。孩子不能够依靠自己的力量从"我想"箱子里出来。另外，当他们想要做现在最喜欢的事情的时候，他们必须自我克制。但这些孩子是无法独自做到的，所以父母必须扮演"扫兴者"的角色。这就是所有对抗行为和不守规矩行为的起因，同时也是引发怒气、出现雷雨的原因。这样一来，冲动型孩子经常处于雷雨之中。不能小看冲动型的孩子：危机的不可预测性、危机的频率和强度会使父母长时间地感到精疲力竭。

为什么偏偏我的孩子这样？

为什么孩子和孩子之间有那么大的差别？为什么有的孩子能做到三思而后行，有的却不行？为什么有的孩子能很好地进行自我对话，有的却不行？为什么心理制动机制对所有孩子起的作用是不一样的？答案很简单：没有任何事物会对所有人起到同样的作用。孩子的空间理解力、乐感、运动感、数学理解力和绘画天赋等能力是天生的。"制动"能力，即心理上的自行停止和自我约束能力，也是先天决定的。如果做不到自行停止，自我控制也就无从谈起。

我有一个属于冲动类型的小病人，他时不时地冒犯别人，因此经常陷入困境。我对他解释说："在你的头脑里，缺少像其他孩子那样的刹车小球。"事实上科学家已经找出了人类大脑中负责抑制冲动反应、控制自我对话的部分，并了解了它是如何工作的。大脑的这部分对每个人发挥的作用都不一样。它越活跃，自我控制能力就越好。也就是说，"刹车"或多或少算是一种天赋，这种资质会发展成什么样，由周围环境决定。

由此可以引申出这样的见解：如果你有一个冲动型的孩子，那很有可能你或你的爱人，甚至可能你们两个人，恰好都不是"有天赋的刹车手"。下面的问卷可以测试出你的自我控制能力。

> **! 说真心话**
> 你的自我控制能力如何？（圈中数字即分值）

请如实回答。你还可以把你爱人的情况考虑进去，或者你们两人一起作答。

⓿ 从不，极少　　**❶** 偶尔　　**❷** 经常　　**❸** 频繁

⓿❶❷❸ 回避自己觉得讨厌的事情。
⓿❶❷❸ 很少规划生活，而是随机应变。
⓿❶❷❸ 没有耐心，会很快产生不满情绪。
⓿❶❷❸ 受到批评非常易怒。
⓿❶❷❸ 抽烟。
⓿❶❷❸ 发脾气。
⓿❶❷❸ 不擅长理财。
⓿❶❷❸ 爱冒险。
⓿❶❷❸ 爱吃甜食或快餐。
⓿❶❷❸ 沉溺于电视或电脑。
⓿❶❷❸ 不遵守交通规则。
⓿❶❷❸ 迟到。
⓿❶❷❸ 酗酒。

你本人得了 20 分以上？这下你知道要自我控制有多困难了。但你也要清楚，即使性格冲动，人们依然可以掌控自己的生活。你可以更好地理解孩子，更好地接纳他。

你的爱人也得了 20 分以上？你可能处于一种充斥着暴风雨的关系之中。如果你尊重并接受你爱人的秉性，这难道不能对你接受自己孩子的冲动行为有所帮助吗？

也许你会因为问卷中提及的问题想到和你的爱人分手，但你不会也不能和孩子分开，即使孩子也非常冲动。做好准备接受冲动型孩子的性格也属于克服危机的一部分。你不能彻底"改造"孩子，但你有足够的空间去应对孩子的不当行为。

冲动型孩子需要清晰的规则和直接、合乎逻辑的后果。因为他们不怎么回想先前的经验教训，也不积极从错误中学习，所以对于他们的教育不会立即见效。父母必须做得更多！

● 需要他人的合作

有的孩子缺少"谨慎制动装置"，即使在家以外的地方，他们也时常行为不当。学校或幼儿园的老师经常会向他们的父母反映："你的孩子行为举止不成体统。你要注意让他改正。"其实这样是不对的。如果孩子是在学校或幼儿园不守规矩，表现得很冲动，那就必须让他在学校或幼儿园里承担必然的后果。只有这样才有效果。

● "暂停"是必须的

对冲动型孩子采取"暂停"这一惩罚手段很有必要。通过短时间的"暂停"，孩子和一切有吸引力的事物被隔离开，如和家人朋友在一起、自己喜欢的活动或玩具。这样做有可能招致更强烈的怒气。孩子喜欢玩，喜欢和朋友在一起，喜欢看电视——而不是独自一人无聊地待着。孩子的表现可以决定"暂停"时间的长短。前面已经对"暂停"做了解释说明，这里针对已经过了"反抗期"的冲动型孩子做一些补充。

"暂停"的理由

对冲动型孩子实施"暂停"的理由总是很充足：当他发脾气时，当他不能接受拒绝而一再纠缠时，当他对别人不尊重、说话冒犯他人或者骂人时。尽管他们知道这样的行为不恰当，但因为内部制动机制的不良运转，这样的行为还是会一再出现。

> **！针对 4 岁以上孩子的"暂停"**
>
> - ★ 为"暂停"选择一个合适的场所：越安静、越无趣越好。可以选择浴室、过道、客人用的洗手间或孩子的房间，但里面不能有电视或电脑。
> - "暂停"有一定的时间限制。可以使用闹钟，最好是厨房定时器。
> - ★ 向孩子解释"暂停"：因为你发脾气，为了让你冷静下来，我会让你"暂停"一下。我把闹钟设定为 5 分钟。如果那时候你能安静下来，那很好。如果你还是很愤怒或者提前走开，那么"暂停"的时间就会延长。这由你决定。
> - ★ "暂停"时间根据年龄来确定，比如 4 岁 4 分钟，5 岁 5 分钟。但当孩子冷静下来，一两分钟后就能控制自己时，"暂停"就可以提前结束。反之，"暂停"时间也可以延长 1~2 分钟。

第三章
这样帮孩子克服危机

★ 即使孩子是在餐馆或超市里有不当行为，也要实施"暂停"。在和餐馆服务员或超市收银员打好招呼后，你和孩子一起回到车里。将闹钟设定为5分钟，你可以看报纸或听广播，同时不要和孩子讲话。如果他在5分钟内安静下来，就结束"暂停"，你们重新回到餐馆或超市里。

★ 如果没有开车，可以利用餐馆或超市的洗手间或者其他安静安全的地方作为"暂停"的场所。

● 进行角色扮演游戏

你要和孩子一起练习，即使在沮丧和生气的时候也要友好相处。最好的办法就是和孩子进行角色扮演游戏。尤其是比较小的孩子，他们更喜欢父母把日常生活中的场景复制到动物世界里。

> 孩子可以通过游戏积累经验——这比1 000句话都管用。

在风平浪静、冲突平息后，再开始和孩子玩角色扮演游戏。你可以通过这种方式来帮助孩子学习如何控制愤怒的情绪。

玩角色扮演游戏的理由

79 页的方框里是这类角色扮演游戏的一个例子。游戏的前提是：孩子非常沮丧，因为他找不到自己的玩具了。当然，你可以根据需要选取日常生活中的不同场景作为游戏内容。下面是一些例子：

★ 因为玩游戏输了发脾气。

★ 因为必须整理房间而生气。

★ 因为电视节目结束或电视被关掉而不高兴。

★ 因为最好的朋友和别人一起玩而发脾气。

★ 因为没有完成手工制作或绘画而恼怒、失望。

★ 因为愿望没有立刻得到满足而发脾气。

角色扮演游戏的成果

孩子和父母都能从角色扮演游戏中获得乐趣，与此同时，孩子还可以从中获取重要的学习成果：

★ 在游戏中孩子可以发脾气，甚至是应该的。这是一个全新的体验。

★ 在游戏中孩子没有迁怒于他人，而是很好地控制了自己。这会让他感觉很好。

★ 让孩子从对方的角度感受一下。因为这只是个游戏，所以孩子不会觉得被攻击，并且能够获取经验。

★ 当孩子进入新的角色，他可能会自己找到一个平和的解决办法。

> **！ 角色扮演：**
> **大猩猩和豚鼠**

当然你也可以选择其他动物，也要让孩子自己选择想扮演哪种动物。

1. 孩子扮演一个怒气冲冲的危险动物

"你觉得哪种动物是最危险的？大猩猩？

"好。想象一下，大猩猩非常不高兴，因为他找不到自己最喜欢的玩具了。我们来做游戏：你就是这个大猩猩，我是他的妈妈。大猩猩现在要非常非常生气，尽可能地想象一下，然后表演出来。"

2. 互换角色

"你演的愤怒的大猩猩棒极了！我演他的妈妈也很开心。现在我想演大猩猩，你来演他的妈妈。现在我非常生气，因为我找不到我的玩具了。"

3. 孩子扮演一个友善的、积极正面的动物

"哎呀，这么生气好累啊。刚才你有没有这种感觉呀？现在我们来玩其他的吧。你觉得哪种动物可爱又友善呢？豚鼠？那好。现在这只友善的豚鼠找不到自己的玩具了。他也很不开心。你觉得他会像大猩猩那样吗？我认为不会。那你觉得豚鼠会怎么做呢？他会怎么样和妈妈说话？你喜欢这只友善的豚鼠吗？"

通过扮演这个友善的角色，孩子会发现，生气是可以通过温和的方式表现出来的。如果这样做没有成功，那么你可以先扮演这个角色，然后让孩子模仿你。你可以不断重复地表演，直到孩子能生动地表演出这个友善

> 的角色。如果你幸运的话，孩子会对这个他自己选择的、积极正面的角色非常投入："我想像这只友好的豚鼠那样！"孩子会受到启发，以其他的方式表达怒气。在游戏中，尽管他很沮丧，但仍然表现得很友善，这给他带来了乐趣。最好的情况就是，孩子会竭力去模仿这只友善的豚鼠。

● 观察计划

如果角色扮演游戏进展顺利的话，那么你可以再进一步，开始一项观察计划。（参见第82页的表格）

在这个游戏中，玛莲娜挑选了豚鼠代表友善的动物——同时她还想到了她最爱的宠物鲁迪。这个"豚鼠计划"成功地激发了玛莲娜的积极性，她在很长的一段时间里都表现得很友善。她每晚都会根据自己白天表现出来的友善程度画一只小豚鼠或中等个头的较胖的豚鼠，然后把图画放进一个小盒子里。玛莲娜的目标是，一个星期内画尽可能多的胖豚鼠。"我想表现得友善"现在进入了她的"我想"箱子。这个计划帮助玛莲娜每天都想那么做。

玛莲娜还想到了一个好主意：因为她的爸爸像她一样，很容易发脾气，所以爸爸也应该参与这项计划。父女二人还进行了一场竞赛："谁能画更多的胖豚鼠？"

● 奖赏计划

通过施行奖赏计划也可以成功地把孩子从"我必须"箱子带入"我想"箱子:那些令人反感的无聊的事情因此开始变得有意思。

制作一个可以使用一周的表格,在左边一栏列举出孩子每天应该做的事情。早晨:自己穿衣服、按时来吃早餐、有礼貌地说话、准时出门……中午:挂好外套、迅速开始写家庭作业……晚上:整理好第二天要用的东西(可以在他人的帮助下)、整理房间、刷牙……孩子越小,计划应该越简单。如果孩子还没有学会认字,你可以画一些符号代表各项任务,比如一把牙刷或一张笑脸。

哪些做到了,就标上一个记号。三个记号就可以换一个玻璃弹珠。孩子可以把它们攒起来或者在当天晚上兑换奖赏。玻璃弹珠的用途可以和孩子一起商量决定,然后由父母写下来。比如:攒够3个玻璃弹珠就可以看半小时电视,攒够10个就可以晚半个小时睡觉,攒够20个就带他去吃冰激凌,攒够30个就允许他挑选一件小玩具,攒够40个就带他去儿童室内游乐场,攒够50个就允许他和朋友们在花园里露营。

> **!** 针对恰当行为的观察计划

	周一	周二	周三	周四	周五	周六	周日
第一周							
第二周							
第三周							
第四周							

🐹 不那么友善　🐹 有时候友善　🐹 经常表现得很友善

除豚鼠以外还可以选择松鼠、老鼠、小兔子、猫、狗或幻想出来的代表友善的动物形象。如果孩子自己还画不了，你可以代劳，这里不要求有艺术细胞。

"我打你！"——攻击行为

和发脾气的行为类似，攻击行为也要考虑到孩子的年龄。3岁以下的孩子还不知道自己这样做会弄疼别人。如果孩子3岁以后还有这种行为，才真的会成为一个问题。

● 4 岁之前的咬、打、踢等行为

大家已经了解到，两岁孩子发脾气的行为很正常。但咬、挠、踢、揪头发、推、抢玩具、扔东西、打架等行为呢？可能你会感到惊讶：80% 的孩子在 17 个月大的时候开始出现上述行为，到 2 岁时达到高峰，之后这类攻击开始逐步减少。孩子一岁以后有没有这种行为，什么时候开始出现这种行为，和模仿几乎是没有关系的，也很少和教育有关。性格非常温和的父母有时也会对自己家里两岁大的小"兰博"[①]感到疑惑：我们的孩子怎么这么好斗？

2~3 岁孩子的这种行为是真正意义上的攻击行为吗？其实，在这个阶段他们还不知道，当他们踢别人的小腿或咬别人的指头时，被踢被咬的人感觉会很糟糕。如果孩子还不能理解自己这种行为的意义，我们就不能臆断孩子是恶意的。

如果这并非真正的攻击行为，那又是什么？这类行为通常和生气或愤怒无关，而是和好奇心或交流的意愿有关：如果一个两岁的孩子从另一个孩子手中抢走了玩具，他其实只是想试探一下："我想要这个汽车。我得试试，看我能不能拿到它。"如果一个小女孩咬了另一个女孩一口或打了

[①] 影片《第一滴血》中史泰龙扮演的男主角，英勇，战斗力极强。——译者注

人家一下，也许她只是想知道："我想开个玩笑，看看这会不会令她觉得很紧张。"如果被咬或被打的小女孩大声喊叫，那么试探结果很清楚："她真的会紧张。的确会有事发生。"如果大人这时候跑过来，表现得非常生气，很大声地交涉这件事，那我们咬人的小姑娘会觉得更加兴奋。

如果小孩子想尝试什么事情，他们就一定会行动。他们还不能清晰地用语言来表达自己的想法。当慢慢学会语言表达时，他们就很少再用手和脚去体验这个世界。

小战士……

打、踢、咬也可以是孩子表达沮丧或生气的行为。当他想要什么而没得到时，当他想做什么而没被允许时，他的大脑中会拉响"警报"，就像发脾气时那样。从生物学上看，生气和愤怒是一项重要的自我保护机制：身体接到"警报"后，肌肉会紧绷，肾上腺素大量分泌，孩子做好了战斗的准备。他试图克服一切障碍，以达成自己的愿望。孩子为此而使用自己的手、脚和牙齿来帮忙就不那么难以理解了吧！

> 孩子想要战斗，父母不必为此感到吃惊。

千百年来，时刻准备战斗是人类的一项生存技能，但现在的父母希望孩子能温和地平息冲突，而不是像个小战士那样。

孩子想要战斗，这很正常，父母不必为此感到吃惊。否则会产生这样的后果：父母会有不安的感觉，会觉得忧虑或受到良心的谴责，因为他们把这种"攻击行为"归咎于自己教育上的错误。如果父母对此忧心忡忡，就会把自己置于一个相对弱势的位置。父母可能会想尽一切办法避免孩子产生沮丧的情绪，希望以此使得他们不再攻击他人。然而这给了孩子们错误的信息："通过打、咬、踢的行为我获得了很多的关注，这使我强大、有威力。"这样就会产生一种恶性循环。孩子的攻击行为很有可能不会随着年龄的增长而消失，而是保留了下来，因为孩子从中获得了很多好处。如何打破这个怪圈？

冷静沉着

你现在知道了2~3岁孩子的咬、打、踢等行为并非真正意义上的攻击，一个小孩子根本不可能如此"可恶"。认识到这一点你就能够冷静沉着。

制止不当行为

冷静沉着并不意味着只能袖手旁观并"任由孩子按照自己的想法去做"：在孩子打人或推人的时候，父母必须立即介入并向孩子表明不接受他的这种行为。隔离是一个合乎逻辑的后果：拿走孩子抢来的玩具，并立即把孩子和"受害者"分开。当孩子在游戏时打了其他小朋友，你应该带着你的孩子离开，并且每次都这样告诉他："打人是不对的。你不可以那样做，会弄疼别人的。"如果孩子继续"尝试"，那就采取"暂停"措施——就算你自己是孩子不当行为的"受害者",也要这样做。

平静友好地说话

当父母感觉到不安和无助的时候,经常会高声怒骂孩子、斥责孩子、对孩子恶语相向甚至打孩子。但如果你保持冷静沉着,那么你就可以用友好平静的语气跟孩子说话。清楚地向孩子表明,你不能接受他的行为,但理解他的愤怒、生气、好奇心或笨拙的交流尝试。

表示关注和肯定

当孩子和其他人一起和睦地玩耍时,当孩子自愿归还别人的东西时,当孩子恰当地表达生气的情绪时,你应当向孩子表达出你的喜悦和肯定,不要错过任何一次机会。这样做会让孩子有自信,并可以巩固这类符合父母期望的行为。

练习友好的行为举止

即使是很小的孩子,你也可以带他进行一些简单的练习:小心翼翼地抚摩其他孩子的头发,而不去揪扯它;和其他孩子牵手,而不是去推他;学着说"不",而不是打人;和其他孩子轮流使用某件东西,而不是抢来据为己有。你先示范给孩子看,然后要求孩子模仿你。孩子并非时刻都愿意那样做,这没关系,你应当给孩子足够多的机会。

● 4 岁之后的攻击行为

孩子 4 岁以后发脾气的行为就会明显减少，攻击行为也会减少。原因仍然是孩子的语言能力和行为能力得以发展，他们有能力顾及他人的感受；对于规则他们不再只是单纯地去遵守，而是能够理解和领会。每个孩子的成长速度不尽相同，当孩子整体状况发展得比较缓慢时，类似打人和咬人的行为也就相应消失得比较晚。

攻击性从何而来？

有时即便孩子明白自己这么做会弄疼对方，仍然会有攻击行为。原因有很多：

★ 孩子并不清楚攻击行为的界限是什么，预先也不知道这种行为需要承担什么样的后果。他们经常会觉得在和父母的权力斗争中自己是胜利者，这会刺激孩子继续那样做。

★ 对有些孩子而言，他们越是不自信，越是想要表现得强大、"有力量"。短时间内他们确实会从中获得强大、有力的感觉。当他们在学校过得不好、不是特别受欢迎或不是特别有吸引力时，通过攻击行为散布恐惧和不安是他们最重要的，甚至唯一能让自己有影响力、获得承认的途径。我认识一个这样的孩子，他名叫史蒂芬，7 岁大。史蒂芬把自己画成一只危险的霸王龙雷克斯——可怕的牙齿上滴着血，因为它刚刚吃掉了一个竞争者。史蒂芬的暴力倾向不只表现在想象力上，他时常会袭击自己的同学，卷入打架斗殴的事件之中。

★ 对有些孩子而言，攻击行为是冲动行为的特殊表现形式。这类孩子清楚并理解各项规矩，也一再下决心想要保持平和——然而还是会在思考之前就有所行动。他们不只会发脾气、大声叫喊或是向物品发泄自己的不快，而是更进一步：他们会打人、踢人，和人打架。愤怒让他们情绪失控，一切规矩被抛诸脑后，"刹车"失灵了。此时此刻的他们必须停止动作，认真思考，阻止胳膊及腿部肌肉的冲动，但这一切不可能发生。他们太快了。你在这本书上读到的关于冲动行为的一切表述，此时都在他们身上出现了。对父母、老师和教育工作者来说，与发脾气时"仅仅"大喊大叫的行为相比，应对身体上的攻击行为是一项更艰巨的挑战。

特别说明

上面谈到的界限不明确、不够自信、缺乏自我控制等因素混合在一起，成为大多数孩子具有攻击行为的原因。这对父母意味着：

★ 不要对孩子的攻击行为袖手旁观，应立即加以干涉。

★ 必须让孩子为自己的攻击行为承担相应的后果。应立即实施惩处，不要拖延。"暂停"是可以经常采取的手段。紧接着要让孩子向"受害者"道歉，如果孩子能够那么做的话。务必要清楚谁是"受害者"。

★ 应当和孩子一起练习和平地解决冲突。孩子肯定清楚地知道不可以打人或踢人，然而仅仅知道这一点是没用的。他还必须清楚：在我生气或发怒时，除了打人和踢人之外，我还能怎么做？父母可以和孩子一起训练平心静气地解决冲突的能力。下面的角色扮演游戏适用于这样的训练。

增强自信

每个孩子都需要受到表扬、肯定和被接受的感觉。一般来说，心地单纯的孩子、性格温和的孩子、聪明伶俐的孩子不缺乏这些。冲动型的孩子几乎总在胡闹，经常发脾气，甚至偶尔还会打人。他们好像总是这样，于是其他人对他们越来越不满，父母也一再对他们感到失望。他们必须不断地"打人揍人"以证明自己的强大。为了打破这个循环，可以采用"曲别针法"（见第91页）。它将帮助父母特别注意那些平时难以管教的孩子的积极行为。

> **角色扮演游戏：**
> **训练平心静气地解决冲突**
>
> 每一次发生了肢体冲突的纠纷都可以作为开始角色扮演游戏的契机。例如：
> 7岁的汤姆放学回家后大喊大叫，显得非常生气。"真无耻！我很生气，我揍了那个思文一顿。是他先惹我的！他一直在激怒我，在我背后不停地喊'肥猪'。他活该！"

1. 妈妈问汤姆能不能想出更好的解决办法：

"思文真不该这样。但打人并不是一个好的解决办法。如果下次再有人激怒你，或者对你说类似的话，你会怎么做？"

汤姆想出了两个和平的解决方法：

"我可以对他说，让他别来烦我。但他肯定会继续那么干。或者我可以跑开，去其他地方玩。"

2. 妈妈鼓励汤姆并给出自己的建议：

"棒极了！真是两个好主意！我们马上来试试。我还有一个建议，你可以跟他说：'停。如果你再这么做，我就去告诉老师。'你觉得怎么样？"

3. 开始进行角色扮演游戏，逐一表演各种解决办法：

妈妈是榜样，她先扮演汤姆。

"现在你是思文，你激怒了我。我是汤姆。"当"思文"开始激怒妈妈扮演的"汤姆"时，她大声、清楚地说道："别来烦我！"

然后互换角色，汤姆扮演他自己，妈妈扮演思文。

4. 妈妈表扬汤姆，并继续练习：

"做得很好。思文将会感到惊讶。我们再来做一遍，现在你能看着我，更大声地说一遍吗？"

5. 用这种方式把其他的解决办法表演完，直到汤姆能够令人信服地表演完一个和平的解决方案。

❗ 曲别针法

你需要准备：10个曲别针，一条有两个口袋的裤子或裙子，以及更加关注孩子的积极行为。每天早晨把10个曲别针放到左边的口袋里，别让孩子注意到这件事。

你的任务是，每当孩子有任何积极行为时，你都要给予他重视、勇气和支持。小事也包括在内！你可以这么做：

- ⭐ 通过身体语言表达你对孩子的关注。例如你可以赞许地注视着孩子，微笑地看着他，拍拍他的肩膀，拥抱他或轻轻地抚摸他的头。
- ⭐ 确切地告诉孩子，他的哪些行为你很喜欢。例如："好极了！你现在完全可以自己换好睡衣了！""看到你在玩乐高积木，我非常高兴！""真棒！这两行字写得非常漂亮，一点儿也没出错。""能带妹妹一起玩真是太好了！"
- ⭐ 时常说出你对孩子的赞赏。比如："除了你没人能想出这么棒的主意！""你的记性真好！你怎么就能记住所有卡片的位置呢？""你穿这件新T恤衫很漂亮！"
- ⭐ 当孩子在某次冲突中克制住了自己，你应当表达出你对此种行为的喜悦和肯定。例如："我很开心你能这么做，你表现得很酷！""你处理得这么好，简直棒极了！"

每一次当你通过身体语言向孩子表达你的关注，或者当你表扬了孩子的某些积极行为或优点时，你就从左边的口袋里取出一个曲别针放进右边口袋。一天结束后，10个曲别针应当全部转移到右边口袋。这样就获得了双赢：你和孩子都是赢家。

"是他先开始的!"
——兄弟姐妹之间的争吵

兄弟姐妹之间的争吵是这个世界上再平常不过的事了。对很多孩子来说,比自己的兄弟姐妹更强大、更优秀,获得更多的许可、更多的东西,似乎是他们生活中最重要的内容。后果就是吃醋、争吵、争执不休、忌妒以及为了得到父母的注意而一再打架。兄弟姐妹之间的争吵令父母很头疼,但同时也是一个对孩子很有效果的训练平台。他们怎样才能在一个受到保护的环境里更好地学会解决冲突,学会妥协?尽管会有对抗和竞争,但绝大多数孩子还是会因为有兄弟姐妹而高兴。"到了关键时刻,他们会团结一致,齐心协力。"——我总是会听到这句话。

有几个孩子的父母和只有一个孩子的父母相比困难更多,然而同时又轻松得多。之所以轻松是因为他们不用经常当孩子的玩伴,也不是孩子唯一用来对付无聊的对象。而且孩子们可以互相学习,大孩子有时可以担负起照看弟弟妹妹的责任,比如在父母晚上想要外出时。

有几个孩子的父母要面对的困难也更多。他们必须把爱和关心分成几份，要尽量公平地分配。这绝不是一件简单的事情。妈妈或爸爸时常会觉得和某一个孩子更亲近，可能是因为自己本身的脾气性格和这个孩子更加契合。在有几个孩子的家庭里也会有更多的冲突、更多的沮丧失望、更多的怒火和更多的激烈争论。

无论你是有一个孩子还是几个孩子，克服危机时采用的手段是相似的。对一个孩子有用的措施同样也会对多个孩子有用，只不过实施起来更困难一些。

一个兄弟姐妹之间冲突的经典案例

卢卡斯（5岁）和露易丝（7岁）从祖母那儿得到了一份礼物：一个新的弹跳球。没一会儿他们就开始抢夺这个弹跳球，大声地喊叫并且开始打架。

卢卡斯："露易丝先推我的，她这头讨厌的母牛！"

露易丝："他从我这儿抢走了弹跳球！是我先拿到的！"

假设他们是你的孩子，现在你会怎么做？

★ 试图通过详细询问调查清楚是谁先开始的，谁是"有过错"的那一个？——这可不是一个好主意。当你表现得像个侦探、警察或法官时，会带来更多的消极情绪。这样处理经常无法做到公平公正。

★ 责骂孩子："你们俩就不能好好相处？非得吵架不可？"接着不再

采取任何措施？——这同样也不是一个好主意。如果你只是口头说说而不采取行动，孩子不会拿你当回事儿。

- ★ 很不耐烦地大声对他们喊道："你们俩真是太糟糕了！从来不能在一起玩超过五分钟！不许再玩弹跳球了！"然后不定什么时候把弹跳球拿走？——这样虽然做到了言行一致，但不是特别恰当的处理办法。孩子没有机会自己找出解决办法，可能还会觉得受到了不公正的对待。

- ★ 认为"他们应该自己解决"，根本不介入？——这个方法也不值得推荐。如果这样做，获胜一方总会是相对比较强势的孩子。这不公平。

- ★ 平静地对他们说"好了好了！答应我，从现在开始你们两个要好好在一起玩"？——这么做虽然很亲切、很和蔼，但恐怕没有任何作用：孩子不知道如果他们继续争吵下去会发生什么。

怎么办？

如果上述处理方法都不起作用，那还能怎么办？父母如何才能坚持立场、保持公正？如何才能尽可能地让孩子参与到寻求解决冲突的方法中来？孩子年龄越大，越能更好地提出公平的建议；年龄越小，越依赖父母的建议和指导。

最好这样做

妈妈:"你们两个,现在停止争吵。你们两个可以好好相处,这一点我很肯定。是要让我把你们送回各自的房间去冷静呢,还是我们一起想想怎么解决这个问题?"

露易丝和卢卡斯:"不,不回房间!愿意想办法!"

妈妈:"怎样才能在一起玩弹跳球而不吵架呢?"

露易丝:"卢卡斯很讨厌!他总是从我这儿把球抢走!"

卢卡斯:"根本不是这样!是我先拿到的!可恶的露易丝推我!"

妈妈:"看来我们没什么进展。你们还能想到什么好办法吗?"

露易丝:"我先玩一个小时,然后给卢卡斯。你看着表。"

妈妈:"这个主意不错,但10分钟就够了。我们抽签决定谁先玩。我来扔硬币,行吗?"

卢卡斯和露易丝:"嗯,好……"

妈妈:"我很高兴,你们两个自己找到了不错的解决办法。"

如果未能达成一致,妈妈可以把卢卡斯和露易丝分别送回各自的房间里进行"暂停",然后再给他们一次机会。如果还是不成功,那今天就不允许他们继续玩弹跳球。就这么简单,同时也很难。

重点整理

固执倔强的孩子通常还判断不出什么对他们有好处，却总是坚持自己的意愿。对抗行为、冲动行为和攻击行为时常导致教育危机和冲突。

■■■ 对抗行为

- ★ 给孩子一个公正的选择机会。
- ★ 让孩子承担合乎逻辑的后果。
- ★ 应用"暂停"和"四个问题"技巧。

■■■ 冲动行为

- ★ 不要亲自承受孩子的怒气。
- ★ 不要过于关注。
- ★ 事后和解。
- ★ 和孩子一起练习在沮丧和生气时保持平和。
- ★ 制订一个"良好合作"观察计划。
- ★ 制订一个奖赏计划。
- ★ 应用"暂停"让孩子冷静。

■■■ 攻击行为

- ★ 及时加以制止。
- ★ 平静地说话。
- ★ 练习友好的行为举止。
- ★ 练习平和地解决冲突。
- ★ 增强孩子的自信。

▰▰▰ 兄弟姐妹之间的争吵

★ 相信孩子具有自己找出解决方法的能力,每一次都给予孩子鼓励。
★ 让孩子自己在解决方法和预设的公正后果之间选择。
★ 训练孩子解决问题的能力。

克服好动、注意力不集中的孩子身上的危机

小动作不断——心不在焉

有些父母会带着他们年龄较小的孩子一起来到我的诊所，就孩子的情况进行咨询。我一再感到惊奇，两岁大的孩子在行为上已经表现出很大的不同！一些孩子可以整整一个小时都很专注地玩诊所提供的积木、小汽车、玩偶或看儿童画册，结束后这些东西几乎不用怎么收拾。在此期间我可以和他们的父母不受干扰地交谈。

另一些孩子有的一直拉着妈妈或爸爸；有的不愿玩任何玩具，想要马上离开；有的要求吃东西或者喝饮料；有的则哭闹不止。他们不喜欢自己的父母和别人说话。他们拒绝玩玩具，或者每件玩具只玩一会儿就要求换新的。

时不时地还会"刮一场飓风"。一不留神有的孩子就会爬上写字台，把窗帘扯下来，去测试插座的儿童安全装置，关掉电脑，把书架弄得乱七八糟。两分钟以后诊所提供的玩具就变成了一堆零件，散落在地板上各个地方。

和一个非常黏人、哭闹不休的孩子一起度过那段时间真的很辛苦，更何况还要应付"飓风"！他们的父母看上去压力很大、很紧张，这很奇怪吗？他们不仅一刻不停地接受着挑战，而且还得担忧孩子接下来的成长。在幼儿园阶段结束后，最晚到开始上小学前，还有很多事情等待着孩子们：他们应该学会长时间地安静坐着，集中注意力倾听他人说话，全神贯注地做一件事情，遇到挫折不放弃，等等。沉着稳健、性格温和、注意力集中的孩子在这方面没有问题，他们能够做好这些事情，他们的父母不必为此操心。但那些爱跑爱跳、没有耐心、独占欲强的孩子，或者那些在第二章的问卷调查中"毅力和注意力"一项得分较低的孩子是什么情况呢？他们的父母该怎么办？他们应该如何为孩子上学做准备？如果这些问题在孩子上学后更加严重，父母应该怎么做？

"我没办法乖乖地坐着！"——不停地动

不久之前在我的诊所里，我从一位妈妈那儿听到了下面的叙述：

"这怎么可能呢？您看我两岁的孩子西尔维奥，他可以很专心地做一件事情！他总是像现在这样，很讨人喜欢，很安静。他现在可以独自玩得很开心。虽然他还是个小宝宝，可是他能静静地躺着，很爱笑，玩自己的手和脚，或者看着自己周围发生的事情。当他感觉无聊时，我只需要给他一个汤勺或其他的什么东西，他就会在接下来的15分钟里非常满足。

"但他哥哥法比安的情况完全不同。他今年6岁。我来您的诊所就是因为他。从一开始他的情况就完全相反。躺着？这简直就是做梦！去哪儿都得带着他，否则他就会大喊大叫。自己玩？根本不可能。我或我丈夫必须一刻不停地陪着他玩。经常必须是我们两个人都陪着他，他才满意。我们两个就是他的旅游文体活动组织员！睡觉——多浪费时间啊！等他长大一些了：走路——为什么要走？可以跑，可以爬，可以边跑边嬉闹！他经常摔倒，总会擦伤或碰伤，幸好都不严重！他总是在制作或组装什么，非常麻烦！他会把这个东西倒掉，又把那个东西拆开，拿东西乱扔。你能想象他的房间有多乱吗？如果有一项比赛叫'看谁能最快把自己的房间变成战场'，那他肯定是冠军。安静地坐着？他一会儿打翻了杯子，一会儿连人带椅子一块儿倒了，一会儿急匆匆地从椅子上跳起来，好像必须立刻取一样什么东西似的——结果椅子再次倒在了地上。只有看电视时他才能安静地坐一会儿，但又会不停地咬指甲。小声一点儿或者不说话？这种情况也只有在看电视的时候才可能发生。其余时间他总是不停地讲话，不管有没有人愿意听他说。我经常问自己：这个孩子的'停止'按钮在哪儿啊？至少有个按钮能调换到'低速挡'也行啊！他究竟是怎么了？为什么他和他的弟弟有这么大的差别？"

● 为什么我的孩子安静不下来？

有没有觉得这位母亲叙述的情况有些熟悉？一个跟充了电似的不停地动的孩子，就好像上了发条的闹钟一样，难道是有"多动症"？和那本可怕的《蓬头彼得》里的"好动菲利普"不是一模一样吗？究竟是什么原因导致了这种情况？父母应该怎么做？

这种性格中存在的一个疑问

兄弟俩的脾气性格截然不同，甚至从婴儿时期起就表现出这种差异，这令人很惊讶——他们拥有同一对父母，成长的环境也非常相似。是父母的原因让孩子变得好动不安、精力充沛得好像上了发条的闹钟一样吗？我认为不是。像法比安那样过分活泼好动的"体能卓越的孩子"对父母是一个挑战，他让日常生活变得热闹、紧张。这样的性格并不是父母的责任——同样，法比安的弟弟安静、沉着的性格也和父母没太大关系。这两个孩子的性格天生就不一样。

上一章已经解释过，为什么每一个孩子都不同程度地有些冲动。耐心等待，三思而后行，想得起预先告知过的后果，会为将来考虑，遵守规则——这一切都需要一个内部制动机制。对现在最喜欢做的事情有所克制，并不是每个孩子都能很好地做到这一点。有些孩子脑袋里的"刹车小球"特别少，所以这类孩子的行为就特别冲动。孩子过度活跃和这非常类似，也是由大脑所控制的。有这样一类孩子：他们一刻不停地把油门踩到底到处跑，有着极其强烈的运动渴望——他们无法抑制住这种欲望，因为自身的制动机制不起作用。法比安就是个典型代表，他无法克制自己的过分活跃。而他的弟弟西尔维奥那样的孩子则是另一种类型，更喜欢安静地坐着，四处张望，不愿意做任何运动。不爱动的孩子肯定会让父母更省力，但从健康的角度来说缺乏运动也是一个问题。其实，一个孩子完全不存在运动过量的问题。

> 在户外随心所欲地活动——对特别活泼的孩子来说并没有坏处。

孩子们爱跑、爱爬、坐不住、不停说话、像个橡皮球似的到处蹦跳、喜欢在户外边跑边嬉闹而不愿意在室内玩，这究竟有什么不好？我觉得：开始时完全没问题，一切视结果而定。假如你的孩子极其活泼，就像上了发条的闹钟似的，只要他性情温和，具有协作精神，那么你大可放心，顺其自然地接受你的"好动菲利普"好了。尽可能地给孩子提供可以尽情嬉闹的机会，最好在户外。

● 什么时候父母应该进行干预？

选择任何一项体育活动都可以。但一项就足够了，没必要更多。只有出现了类似以下的一些状况时，孩子的不安好动才成为问题：

一些两三岁的孩子总是把各种物品叠放在一起，因为他们喜欢攀爬或想要刺激的感觉；有的孩子总是不断跑开，看上去根本不在意之后是不是找得到妈妈；有的孩子，包括年龄稍大的孩子，总是不假思索地往马路上跑，或者踩着摇晃的树杈往树的高处爬，毫不关心一会儿能不能安全下来。他们被篱笆和灌木划破了裤子，自己也受伤了。我认识的一个6岁男孩，一年之内头部缝过5次针。

避免危险

如果你的孩子非常好动，但对自己的能力并没有正确的认识，因而一再受伤或将自己置于险境，你应该怎么办？

如果你有一个这样的孩子，你必须格外注意他的安全。在他刚出生的几年里，你的视线几乎一刻也不能离开他。等他长大后你必须认真考虑，他几岁时你会让他独自一人在外边玩耍——骑自行车或者玩轮滑。他真的会小心看车吗？明确告诉孩子你允许他在哪里逗留，时不时地检查一下，看他是否遵循事先的约定。清楚地和孩子约定好时间。如果他不遵守这个约定，你必须暂时限制他的活动范围，直到他获得新的机会。别担心，你并没对孩子"庇护过度"，即使他强烈反对。你的行为仅仅是具有责任心的表现。

> **！ 说真心话**
> **你的孩子是什么情况？**
>
> ★ 经常在跑跳或攀爬时受伤？
> ★ 经常因为过于激动去推其他孩子或者粗鲁地抓挠其他孩子？
> ★ 经常因为动作不灵活而毁坏物品？
> ★ 经常因为自己的不安静而严重影响周围的人？

> ⭐ 还存在对抗行为？
>
> 上述各种情况在你孩子身上出现得越多，他就越迫切地需要你的支持。你必须为他踩下刹车，因为他自己不行。但并非简单地在他"坐立不安"时踩刹车，而是在他的行为严重影响了其他人或给自身带来伤害的时候。

"坐立不安"的情况很少单独出现

精力过剩的孩子一般兼具对抗和冲动的特质，这种组合很常见。如果你的孩子也是这种情况，那你需要认真考虑一下，什么对你造成的困扰更严重：是他坐立不安的行为，还是时常和大发脾气或攻击行为一起出现的违反规则和义务的行为？过分好动使得冲动型孩子"加快了自己的行驶速度"。然而，真正有危害的是前面描述过的对抗行为，你也可以参考该章节的内容，对对抗行为起作用的方法在过分好动的孩子身上也起作用。

❗ 与特别活泼的孩子的相处之道

如果你的孩子没能正确估计自己的力气，因此在对待其他孩子时很"粗鲁"，你该怎么办？

这种情况尤其会出现在年龄很小的孩子身上，到了上幼儿园的年龄时会有所好转。当特别热情的孩子寻求身体接触时，他们的愿望是好的，然而结果时常出人意料。一个充满深情的拥抱会弄疼对方。友好地拍别人一下，却被对方误会是"推撞"。当对方不高兴甚至开始哭时，他们不知所措。为此责骂孩子几乎无济于事。

只有进行"示范"才会有所帮助。向孩子示范怎么做是正确的，要求孩子模仿你的行为：如何轻轻地抚摸其他孩子，如何打招呼，如何拥抱——这些可以同时进行练习。小孩子都喜欢角色扮演的游戏，要充分加以利用！

如果你的孩子经常因为动作不灵活而毁坏物品，你该怎么办？

从某种意义上来说，你必须经历这个阶段。孩子在哪儿，哪儿就会有东西被毁坏——不管是打碎的玻璃杯、弄脏的沙发、被咬坏的遥控器，还是因为被摔了很多次而变得摇晃的椅子。我甚至根本不想提及那些拆开包装没几个小时就坏掉或残缺不全的玩具。

你要忍住不去指责孩子，更要在尚未造成损失时根据实际情况提醒孩子："把杯子拿稳！""小心点儿！""留神椅子！""慢一点儿！""把遥控器放下！"好动的孩子在手舞足蹈时处于"自动飞行"的状态，他们注意不到自己碰了什么或弄倒了什么，但如果听到自己的名字，他们会从忘我的境界里回过神来。如果同时轻轻地拍一下他们的肩膀，效果会更好。

如果你和你的家人都被孩子无休止的喧闹所打扰，你该怎么办？

"安静地坐好！""别乱动了！""安静一会儿！"这很难做到吗？对有的孩子来说这几乎是不可能的。他们必须比其他孩子说得更多、动得更多，才会觉得好受。所以，你只需要在孩子学习一些重要的事情时，或孩子的喧闹打扰到他人时，对其加以规范和制止即可。通过这种方式你不但尊重了孩子独特的性格，同时还教会了孩子必须遵守某些规则、顾及他人的需求。而这无疑也会受到孩子的欢迎。下列句子适用于这种情况：

★ "那么,现在轮到我说了。"
★ "我现在需要休息一下,我们今天下午继续谈论这个话题。"
★ "吃饭时我们所有人都要坐好。现在就需要这样做。"
★ "这个可怜的椅子想要四条腿着地!让它和我们都安静一会儿吧!"
★ "你必须先把这件玩具整理好,我才会给你其他的。"
★ "就在我附近玩,要不然我就拉着你的手。"

这些话语中并没有包含负面的评价,因此孩子们会比较容易接受。至于"动手动脚"和"手脚不停",虽然父母时常为此感到头疼,但如果你客观地观察一下孩子,这真的给你造成负担了吗?宽容一些。针对年龄较大的孩子,我推荐让他们嚼些健康食品,或者手上拿一块橡皮泥随心所欲地揉捏也会有所帮助。如果孩子总咬指甲,那这样的活动就尤为重要。简单地说一句"别那样做"是没用的,孩子需要其他的选择。不管是什么,必须有允许孩子去动的东西。

"我没办法专心!"
——总是走神,无法集中注意力

过度活跃本身并不是一个大问题,可是它很少单独出现,不仅会伴随着冲动行为、对抗行为,还会和专注力问题,比如爱走神、缺乏毅力等一起表现出来。这些问题即使单独出现都不是那么容易应付的。

每个孩子都能应对挑战
Jedes Kind kann Krisen meistern

"简直是一场灾难！"当好动不安、冲动对抗行为和缺乏毅力及注意力以"三合一"的形式出现在孩子身上时，经常会听到他们的父母发出这样的叹息。

● 缺失的内部制动机制

上述三个问题并非偶然凑在一起，它们之间有共同之处。好动不安和冲动都与内部制动机制的缺失或失灵有一定关系。

专心、注意力集中的人情况到底怎么样？让我们一起观察一个我正在切身经历的情境，也许你会感到似曾相识。

夏末一个阳光灿烂的星期天傍晚，气温25摄氏度，天空湛蓝。啤酒馆和冰激凌店都人满为患，大家都很快乐。我多么想在户外享受夏季最后的灿烂阳光啊！但我留在办公室里，坚持坐在电脑前，集中精神写这篇文章。我为什么这么做？有什么事比我现在所做的更没意思？我承认，此时此刻我很想放下一切，一跃跨上我的自行车，驶向森林。然而我必须压抑这种渴望，至少现在不行，我得继续工作。其他一切可能会令我分心的事情，比如望向窗外，我也必须加以克制。为此我需要真正有效的内部制动机制，它好像也在发挥着作用。然而它是如何起作用的呢？

集中注意力的技巧

就在我急匆匆地想要离开办公室之际，我的大脑接收到一个"停止"信号，这让我有时间进行一次自我对话："是你自己决定要写一本书的，交稿日期已经确定，你想信守承诺还是无限拖延？其实也没有那么糟糕，甚至还很有意思，承认这一点吧！"说服了自己，我继续坐在桌前，专注且持久地写了下去。

要想持久、专注地完成一项任务，就必须抵制会分散注意力、让人心动不已的诱惑。这对成年人和各个年龄段的孩子来说都是一样的。按照逻辑来说，自愿选择做一件有趣的事情时，人们很容易抵制诱惑；而被迫做一件无聊的事情时，想要抵制外界的诱惑是很困难的。

有趣的事情进展快

每一个孩子很有热情和兴趣地做一件事时，都能全神贯注，成年人也是如此。他们会忘记周围的一切，完全沉浸在所做的事情之中——游戏、运动、工作，或一项棘手的任务。热情会带来美好的内心感受，甚至会带来成功，因为热情使得各种分散注意力的事情无法接近。

与此相反，如果兴趣不在于此，如果应尽的义务很无聊，那么情况就大有不同：外界的诱惑很大，人们的注意力四下分散，就是不愿意按照他人所期望的那样去做。在这种情形下内部制动机制必须更为有效地发挥作用。但该机制在每个人身上起的作用都不同，尤其是在同龄的孩子以及成年人身上，这种差异表现得更为明显。下面的问卷会帮助你了解自己的专注力。

> 热情和兴趣令人专注。

！说真心话
你的专注度如何？（圈中数字即分值）

请安静地将问题通读一遍，然后诚实地给出答案。

❶ 从不，极少　　**❶** 偶尔　　**❷** 经常　　**❸** 频繁

❶❶❷❸ 阅读时容易走神。
❶❶❷❸ 做一件事没多久就改做其他不那么重要的事情。
❶❶❷❸ 对不喜欢的事情会拖拖拉拉。
❶❶❷❸ 对个人经济状况没有规划。
❶❶❷❸ 不守时。
❶❶❷❸ 很快着手某事，又很快抛诸脑后。
❶❶❷❸ 对一天内要完成的事情没有计划。
❶❶❷❸ 在开会、听演讲、听新闻时做不到认真倾听。
❶❶❷❸ 总会把平时常用的东西随手乱放，所以经常得花时间去找。
❶❶❷❸ 很难做出决定。
❶❶❷❸ 很难保持家里的整洁。
❶❶❷❸ 当不得不同时处理很多事情时，会觉得压力很大，无法胜任。

得分越低，表明你的内部制动机制运行得越有效。得分在 15 分以下，可以说你在注意力和专注力方面不存在问题。得分在 15~25 分之间，就或多或少地存在一些问题。如果得分超过 25 分，那么你和你的爱人需要多一些诙谐幽默和自信，才能在日常生活中经受住考验。好处在于，当你的孩子安静不下来、注意力无法集中时，你能更好地理解孩子并接受他。

● 注意力的"两面性"

你可能就属于注意力和专注力具有"两面性"的人：在工作中你能非常合理地做出安排，注意力会高度集中，然而面对烦琐的家务你感到力不从心。因为你可以从工作中获得乐趣，或者获得成就感，或者挣到很多钱，或者三者皆有，所以无论做什么都会是自觉自愿的。除了工作之外，作为"家庭经理"的你要料理家务、照顾孩子，你觉得这困难得多。处理家庭事务没有经济报酬，更没有明显的成就感。打扫、购物、教育孩子、做饭、整理房间——要将工作之外的专注力和注意力用于处理这些事务，这不是一件容易的事情。

孩子身上也存在这种"两面性"。这能很恰当地和第一章的"教育箱"理论模型联系起来。凡是孩子喜欢做、想做的事情，他们都能完成得非常好。而在完成自己应该或必须做的事情时，有的孩子看上去就好像思维混乱，心不在焉。

比方说，你的孩子安静不下来，对任何事都无法集中精力，他希望你能陪他一起玩。但你正在做家务，你让他先自己玩一会儿，例如玩乐高积木。孩子会非常不情愿，积木怎么搭也搭不好。相反，如果孩子因为不愿意整理房间而"发自内心"地去玩积木，那乐高积木就是世界上最重要、最有趣的东西，任凭什么事情也不能打扰他的游戏。

"我想"，还是"我必须"？

只要在"我想"箱子里，每个孩子都能集中注意力。有的孩子很难从"我想"箱子里出来。内部制动机制越差，就越难出来。极端的情况是父母不得不把孩子从"我想"箱子里拎出来，再三强调后再把孩子送进"我必须"箱子里。这么一来，问题仍然存在。孩子想再次回到"我想"箱子的渴望很强烈。孩子就像受到磁铁干扰一样，无法集中注意力。这会给孩子的日常教育带来不良的后果。年龄不同，需要克服的危机也不同。

● 科学世界的一次远足

孩子们天生不一样。不仅头发颜色、身材、眼睛颜色由不同的基因决定，各自独特的天赋也同样与众不同。并非每一个孩子都能成为小提琴演奏家、一流的足球运动员或物理学教授。虽然有些孩子通过悉心栽培能够大有作为，但绝大多数孩子的天资还是会或多或少地影响自身的发展。

内部制动机制的情况也是一样。延迟或克制心理反应的能力是遗传的，这种遗传基因对自我控制和自制力、注意力和专注力大有影响。

近年来，很多科学家潜心研究自制力与大脑特定功能之间的关联。马萨诸塞大学神经学与精神病学教授罗素·巴克利是该领域最值得尊敬和最有影响力的专家。他指出，内部制动机制是人类重要的特征，它受大脑前部的"眶额前脑皮层"控制。巴克利教授的主要研究对象是行为明显异常的孩子和成年人，爱冲动、活动过度、注意力不集中是他们的共同特征。3%~5%的内部制动机制极差的人被认为存在一种障碍，它的名称大家并不陌生，叫作"伴有活动过度和冲动行为的注意力缺乏综合征"，简称ADS（Attention Deficit Syndrome）。通过对比研究，人们证实，相对于"正常人"，存在这种障碍的人大脑的某些区域不够活跃，新陈代谢较为缓慢。以巴克利教授为代表的科学家们认为，这种差别很大程度上（70%~90%）是天生的，和后天教育无关。

本书要重申巴克利教授的以下观点：并非每一个涉及孩子的危机和问题都能归结为教育失误。父母无须承担一切责任！孩子本身的天资禀赋所起的作用也非常重要。

> 患有ADS的人，其内部制动机制所起的作用微乎其微。

教育危机发生的频率及强度和人天生的内部制动机制有关，其发挥的作用越差,孩子越容易出现冲动、好动不安的问题或者精神不集中的行为。父母与此也有关联,内部制动机制是遗传的。

这本书并不是关于ADS的。近几年电视上才开始对ADS广泛关注,也有大量的相关刊物和书籍问世。但这并不是一个新问题,它在各种文化背景下都存在。当代社会发生"障碍"的孩子看上去比以前多,造成这种结果的原因有很多。经验丰富的医生和儿童治疗师能够诊治ADS。很多孩子的内部制动机制并非特别差,而只是处在平均水平以下,但也令人感到很棘手,在他们身上也经常会产生教育危机。至少20%~30%的孩子是这种情况,他们还算不上存在"障碍",也不需要诊治,更不需要药物。他们需要的是对危机有抵抗能力、不会轻易慌乱的父母。

● 4岁之前注意力不集中的问题

几年前我和儿科医生莫根罗特博士一起在他的门诊进行了一项调查。超过300名父母回答了我们的问题:你认为孩子的哪些行为加重了你的负担? 4岁以下的各年龄组出现频率最高的一个答案是:我的孩子一刻也安静不下来。20%~25%的受调查父母觉得这是一个大问题。

我认识小琳达时,她3岁。"她简直不让我们喘口气。"她的妈妈精疲力竭地抱怨,"为了全身心地照顾好这个孩子,我放弃了我的工作。我把全部的精力都放在她身上,给她朗读,和她一起做手工,做家务时也和她在一起。然而这样她还是觉得不够。一旦我开始做家务,或者想喝杯咖啡、打个电话的时候，她立刻就会开始哭闹，并牢牢地抓住我的裙角。每当这时我就很崩溃，根本不想陪她一起玩。还有，她从来不肯独自做任何事情，也不肯尝试去做任何她觉得困难的事情。她就想让我伺候她，比如说给她穿衣服，我甚至还得喂她吃饭。如果我不那样做，她就又会开始哭闹、发脾气。"

琳达的爸爸补充说："只要我一进家门，我就必须陪着她，否则她就会大吵大闹。跟布娃娃和毛绒玩具一起玩过家家游戏是她最喜欢的。原本我也很喜欢这个游戏，但她根本就不参与进来，我就像是演独角戏一样。她想别人表演给她看，只有这样她才不会吵闹。她不愿意玩填字游戏或其他有固定规则的游戏。最严重的情况是，当我们三个人在一起时，她不能接受我和我太太说话，哪怕就几句，就算我太太或我抱着她，让她坐在我们的腿上也不行。"

琳达是他们的第一个孩子，他们非常开心，然而却没想到是这种情况。教育孩子时持续产生的精神压力取代了家庭生活的和谐与平静，其后果就是家庭关系紧张。通常琳达都能如愿以偿，但那些都是她需要的吗？父母的需求被忽视了，两个人都觉得自己耗尽体力，精疲力竭，夫妻之间也因此产生嫌隙。

如果父母过于纵容孩子

怎么会出现这种情况？像琳达这样的孩子为什么如此黏人？很显然，饶有兴致地长时间做游戏或玩玩具的能力并非与生俱来，为了培养这种能力，孩子必须抑制住"成为父母关注的焦点"这一强烈的渴望。他们的"自我调节机制"未能很好地发挥作用，所以他们会再三要求："和我一起玩！你们要和我一起做！最好爸爸妈妈两个人一起！还得按照我的想法！"琳达的父母想："她不能单独一个人玩，她需要我们陪她一起，那我们就一直陪着她好了。"

然而这种行为方式会对每个家庭成员都造成严重的损害：

★ 琳达的父母放弃了自己的需求，这样做非常不好，父母和琳达的关系会有负担。父母认为自己的孩子"忘恩负义"，觉得自己很失败，他们会因为臆想出来的错误而互相指责。这让事情变得更复杂，会严重地影响夫妻之间的关系。

★ 琳达永远不会满意。"我们对她倾注了这么多的注意力，在某个时候她总会感到满意吧。"——这个期望很具有欺骗性，然而也不难理解。无论是妈妈还是爸爸，都不可能全天候以不变的耐心和亲切友好的态度去面对孩子。虽然父母中至少有一方会一直陪着她，但通常心不在焉，并且越来越焦虑，情绪越来越糟糕。琳达精明地察觉到了。于是她更加强烈地要求父母的关注。因为琳达长时间独处的能力比较欠缺，因此她需要一些针对性的训练。父母总会向琳达"跟我一起玩"的要求做出妥协，这对琳达而言没有任何益处。两个不利因素一起出现：琳达独处的能力不强，琳达的父母认为琳达也学不会独处。这样一来，琳达越来越善于获得父母的关注。

通过练习来学习

假如琳达是一个因为腿部肌肉无力而不能自由跑动的孩子,她的父母或许会这么说:"可怜的孩子,跑步会让她很辛苦。所以我们得抱着她,或者让她坐轮椅。"或者这么说:"跑步对于我的孩子来说是一项艰巨的任务。但为了让她腿部的肌肉变得有劲,就必须让她多练习,直至每次都能坚持很长时间。"你认为哪个更好?

> 只有通过实践才能掌握技能,回避永远于事无补。

尽管不是每一次学习都能带来完美的结果,但总能取得一定的进步。

● 如何帮助孩子?

像琳达那样的孩子如何才能学会独处,学会专注地做一件事呢?

帮孩子树立自信心

多鼓励孩子。关注他,给他勇气,对他的各种积极行为予以赞扬和奖赏。前面提到的"曲别针法"同样适用于此。一定不要错过孩子独自玩耍的时刻!在孩子独处了一会儿之后,你应该向孩子表达你的关心。在一旁注视着孩子,肯定他的行为,并问他你可不可以和他一起玩,孩子会觉得非常意外。对孩子所做的事情给予最大程度的重视。为自己想到的游戏点子感到骄傲和自豪，是孩子获得自信的最好途径。

计划一个固定的共同游戏时间

固定的共同游戏时间可以成为一个例行的仪式，设在午餐后或睡觉前比较合适。可以使用厨房定时器事先设定好共同游戏的时间。这样来分配这段时间：先由你选择玩什么游戏，然后由孩子选择。在"你的"游戏时间里，你可以引导孩子做一些需要较多注意力和专注力的游戏，比如玩填字游戏，阅读儿童图册，或者是简单的、有特定规则的游戏。当轮到孩子时，不管他提议玩什么，即使你没有兴趣也要和他一起玩。

给孩子布置任务

4岁以下的孩子也能承担一些合理的任务。这可以训练他们的毅力。可以依据年龄让孩子自己吃饭、喝水、上厕所，至少让孩子自己试着穿衣脱衣，自己挂好外套，自己把玩具收拾到箱子里，帮你取些东西或摆放餐具。你要坚持让孩子做自己力所能及的事情。许多孩子会自己提出想要独立完成这些事情，而有些孩子一开始坚决不愿意，需要父母耐心地反复引导——其实所有的孩子都需要被重视的感觉以及成就感。

我们还不能要求4岁以下的孩子独自在他的房间里玩耍。该年龄段的孩子还需要待在妈妈或爸爸的附近，至少要在可听到和可看到的范围之内。在这样一个安全的范围里，你可以和孩子练习，让他不去打扰你。孩子不需要你持久、不间断的关注，这才是他想要的。

> **！你可以这样教孩子独处**
>
> ★ 选一件你可以分成几步去做的事情，事先确定每一步要花多长时间，比如10分钟，之后可以逐渐延长。清楚明确地告诉孩子你必须要完成的事情，并希望在这段时间里不被打扰。
> ★ 问问孩子在这段时间里想做什么，或者给孩子一些建议。
> ★ 集中精力做你要做的事情。如果孩子没有去打扰你，你要礼貌地向孩子表示感谢，刚开始每隔1~2分钟一次，之后可以每5分钟一次。
> ★ 如果孩子还是打扰你了，你也要继续做自己的事，但要不时地告诉孩子，你必须完成手头的事情，例如："我必须把土豆皮削完。"不要责骂或警告孩子。
> ★ 冷静地容忍孩子的"哭诉"或示威性的寸步不离，即使你感到很厌烦。如果孩子的打扰令你无法继续下去，那么告诉孩子，他要是再这样的话，就要承担相应的后果，例如"暂停"。必要的时候可以将这一"预告"付诸实践。

● 学前儿童注意力不集中的问题

在孩子还没有上学时，这个问题产生的影响有限。在幼儿园，孩子可以选择想要做的事情。孩子可以以"很无聊！"为理由拒绝做不喜欢的事情，不管是用颜料画画、做手工还是剪贴，孩子不想做就可以不做。观察，倾听，背诵，熟记诗歌，学习辨别日常概念、节奏、声音、数字和数量，你的孩子所在的幼儿园有或者曾经有这些内容吗？这都是有助于培养孩子专注力的活动。

唤起热情

你认为什么对孩子集中注意力最有帮助？其实答案很简单：热情、乐趣、兴趣。就算是注意力很难集中的孩子，只要他们愿意，就能做任何事情。然而他们不会花时间进行自我对话。如果一开始没能成功，他们就不愿意再继续尝试。因此需要有人唤起他们的热情和兴趣。运动、音乐、烹饪、舞蹈、语言、手工艺品、数字、科技、动物，总有一样能让孩子振奋起来。热情的人最容易迸发火花。可以先让孩子进行你自己喜欢的活动：唱歌、朗诵、画画、做手工、踢足球、讲故事或者烤制小点心——你自己有热情去做，才会成为一个好的老师。在教育过程中，这一部分的确会带来很多的乐趣！你可以像个孩子一样，再次体验未泯的童心，或者去完成未曾实现的梦想。当然，孩子通常不会"上当"，但你可以多提出些建议，肯定会有孩子愿意参与其中的活动。

唤醒热情离不开父母的耐心、宽容和鼓励。挑剔和批评会迅速地将兴趣扼杀在萌芽阶段。如果你成功地唤起了孩子对某事的热情，接下来要为他的注意力和专注力付出很多。

第三章 这样帮孩子克服危机

促进注意力的培养

即使你的孩子最喜欢的是在户外四处玩闹，根本不爱安静地坐着，他也需要学着玩桌上游戏①、观察和倾听、记住必要的事物、与人交谈，并学着计划。幸运的是，现在有足够多的游戏和素材可供选择，总会有孩子感兴趣的东西。另外，可以从书店借游戏用具、图画书、磁带和光盘。幼儿园教师肯定可以给出更多的推荐。

★ 你能和孩子一起唱儿童歌曲吗？很少有人能完整无误地唱完一段。买一本歌曲集或一张光盘，和孩子一起唱，学龄前儿童可以很快地记住歌词。我个人很喜欢一些古老的童谣，有一些会成为孩子终生不忘的记忆，将来他们还会唱给自己的孩子听。随时随地都可以唱歌，做家务和开车时也没有问题。唱歌也是一项很有益的活动，不仅可以培养注意力，还能培养很多其他的能力，并且还会让人觉得幸福。

★ 针对朗读或讲故事没有什么建议，除了一点：每天坚持！这是练习认真倾听最好的方法。别担心重复。如果你的孩子一再要求听

---

① "桌上游戏"：最初特指一些从欧美国家引进，通过将一些指示物或特定物件在特定的图板上（通常是为这个游戏而设计的）放置、移动或移除来进行的游戏。这类游戏最广为人知的代表是：大富翁。但是从广义上来讲，桌上游戏也可以指一个很宽泛的游戏类型：一切可以在桌面上或平台上玩的游戏，与运动或者电子游戏相区别。比如以下这些常见的游戏都属于桌上游戏的范畴：麻将、象棋、扑克。——译者注

每个孩子都能应对挑战
Jedes Kind kann Krisen meistern

同一个故事,直到可以背下来,这也不错。所有人都比较偏爱自己熟悉的事物。听故事和唱歌一样,可以时不时地让孩子复述一下刚才听到的故事内容。如果你发挥想象力自己编故事,把孩子也包括在故事内,那当然最好不过了!

唱歌和讲故事都无须追求完美,一起从中获得快乐才是最重要的。

★ 猜谜游戏同样也能促进注意力的培养。除了经典的"我看到的东西,你看不到"①外,你和孩子还可以通过"是非问题"去猜人物、动物或者物品。(它是四条腿吗?它会叫吗?……)教学效果会非常好,还可以令汽车旅行变得轻松。

★ 拼图游戏可以训练孩子的计划性、观察能力和精细动作的技巧,作为一款记忆力游戏它还能培养孩子的视觉记忆。这种游戏需要精确的思考,尤其适合用于培养"有声思维"这一重要的能力。游戏时,孩子会听到这样的话语:"嗯,小猫该在哪里呢?我觉得是这里。哦不,这里已经有了。现在轮到你了,我必须再仔细想想……"玩拼图游戏时,"我先把周边的部分找出来,这样就会变得简单一些。这块在这儿?不对,形状不对。"这听上去很熟悉

---

① 这个游戏的规则是,出题者环视自己的四周,选中某一样物品,把名称写在小纸条上,然后会说:"我看到的东西,你看不到,它是……"这时可以描述该物品的颜色,猜谜语的人根据描述来猜到底是什么东西。出题者只能回答"是"或"不是"。如果猜了一会儿还没有答案,那么出题者可以再给出提示。如果有人猜到了正确答案,那就由他来出下一题。——译者注

吧。"有声思维"很值得推荐，专家觉得这种方法会令人印象深刻：当你一再大声评论自己刚才所做的事情时，实际上是你和孩子一起接受了一次"自我指示训练"，从你身上，孩子学会给自己下达指令和进行自我对话。轻声或者大声进行"有声思维"都可以，随着孩子年龄的增长，"有声思维"时的语言表达会自然而然地被安静的思考所取代。

★ 掷色子游戏可训练孩子对数字和数量的识别力，并且能让孩子懂得，人并不是每一次都会赢。简单的扑克牌游戏也能达到这样的效果。

★ 角色扮演游戏如"妈妈、爸爸、孩子"，或者和玩偶、商店模型玩具、药箱模型玩具一起玩过家家，能促进想象力、共情能力以及语言表达能力的发展。

★ 画画可以训练孩子的精细动作，但不要让孩子觉得很枯燥。给孩子穿上一件罩衣，让孩子拿一支画笔或较粗的铅笔尽情地在一张大纸上画，直到纸上没有空白的地方为止。如果孩子喜欢，涂色也很不错。结果并不重要，重要的是动手的过程！对孩子的作品一定不要给出类似"你画得乱七八糟"或"你画的房子竟然没有门"这样的评论！

★ 书店里有非常多的学前儿童读物和适合学前儿童的益智玩具，其中一些很值得推荐，但没必要给孩子准备太多，精选一些就可以了。

持之以恒！

这些建议对每一个孩子都很适用。然而，要唤起注意力不集中、专注力涣散的孩子的热情不是一件容易的事情。因此经常会出现这样的状况：家长逐渐忘记了自己最初的决心和意图，慢慢地不再和孩子一起进行上述的各种活动（"我们的孩子对那些根本就没有兴趣"），这非常可惜。因为这一类孩子需要更多的学习经验和针对性练习。通过下面的测试你可以知道自己给孩子提供的是否足够。

看电视——好还是不好？

不得不提一样东西——电视。孩子当然可以时常看电视。但我认为，看电视对于促进孩子的注意力和专注力没有任何帮助。好的电视节目有时会有一些有益的内容，但和孩子就节目内容进行讨论非常重要。看电视并不要求孩子积极主动、聚精会神地去参与其中。学龄前儿童或低学龄儿童的房间里不需要有电视机。

！ 说真心话
促进孩子的发展，你做得好吗？（圈中数字即分值）

下列各项活动，你多久和孩子一起进行一次？

❶ 从不，极少 **❶** 每月一次 **❷** 每周一次 **❸** 每天或几乎每天

ⓞ①②③ 唱歌
ⓞ①②③ 阅读或讲故事
ⓞ①②③ 猜谜游戏
ⓞ①②③ 记忆力游戏
ⓞ①②③ 掷色子游戏或扑克牌游戏
ⓞ①②③ 画画或做手工
ⓞ①②③ 拼图游戏
ⓞ①②③ 角色扮演游戏

得分：

至少要得到 16 分，分数越高越好！

● 学龄儿童注意力不集中的问题

"尤里乌斯在课堂上很容易走神。他必须学着克制自己倾诉的欲望。必须有人不断地提醒他集中注意力。他能非常快地掌握所学内容，但很少能自觉开始做作业，也不能以适当的速度完成。必须一再地要求他配合其他同学完成小组作业或者继续完成自己的作业。在使用教具时，他应该更小心一些。尤里乌斯擅长数学，但还需要更加仔细一点儿。他在语言领域比文字领域敏感得多。"

这段话是一年级结束后，老师在尤里乌斯的优等成绩单上写下的评语。尤里乌斯是一个聪明的男孩儿，他兴趣广泛，有非常丰富的自然科学知识，然而他并不喜欢去学校。这段评语一方面可以说明孩子在注意力和专注力方面存在的问题是如何在学校表现出来的，另一方面还能告诉家长如何去鼓励小孩子。这段评语并没有提到尤里乌斯的特长，全部是关于他的缺点。尤里乌斯在学校没有认真听讲，而是在发挥自己的想象力，这很奇怪吗？反正老师对他不满意。尤里乌斯经常搞不清楚应该完成哪些作业，他需要下很大的决心才能开始做作业。要完成作业对他来说是一项艰苦的任务，而且还得干净整洁！尤里乌斯越来越不自信："我不想！我做不到！"

与学校合作

和学校有关的问题必须跟学校合作一起解决。父母必须和学校方面保持沟通，仅凭每学期一张的成绩单是不够的。尽管通过成绩单父母能够知道孩子读、写、算术等课程的成绩，但仅凭成绩单父母无法了解孩子在课堂上是否专心，是否积极参与学校活动，是否妨碍了课堂秩序，是否表现得非常"不起眼"。

尤里乌斯的父母看了成绩单后惊讶极了。他们为何在学期结束之后才知道这些？父母应该定期和孩子就其行为产生的问题和取得的进步进行沟通，孩子得知道自己应该怎么做。父母和孩子必须经常感受达到了要求后的感觉是多么的好。每天只要花费 30 秒父母就可以从老师那儿获得最重要的信息！老师也会了解到更多有价值的信息。

我为此设计了一个观察表格，可以在和老师商量后根据每一个孩子的具体情况加以修改。老师为每一种希望出现的行为打分，每天放学时总结一次。孩子得分越高越好。家长每天和孩子一起查看该计划并就此进行沟通。

这个观察计划也可以作为奖赏计划。比如获得12分就允许孩子当天玩半小时电脑。也可以每星期执行一次奖赏计划：一开始尤里乌斯每周至少要取得50分，然后必须每周获得60分，这样就能在周末得到一本漫画书。

你可以删掉一些不必要的项目，或是添加某些必要的项目，例如："在老师点名后才发言"，"和同学相处融洽"，"和老师说话时有礼貌"。

❗ 学校观察计划

0：根本没有做到　1：稍微做到一点点　2：勉强做到　3：完全做到

希望出现的行为（建议）	周一	周二	周三	周四	周五
在家庭作业本上完成了全部作业					
上课时积极参与					
迅速开始做作业					
能够跟随老师的节奏，注意力集中					
一旦开始做某一门功课就坚持做完					
听从老师的指示					

得分：

只能对孩子执行一项奖赏计划。第81页已经推荐了一项针对孩子日常事务的计划，你可以选择一个当下对孩子更有帮助的，几个星期之后换另一个，但不要两个同时进行，过犹不及。

主动性和监督

哪一种形式的奖励并不是最重要的。这一计划的目的是提高孩子的主动性，同时也在一定程度上提高老师的主动性。如果孩子的问题得以纠正，那应部分归功于老师的责任心。老师可以通过某些方式去帮助注意力不集中的孩子：给他们安排一个合适的座位，比如周围都是性格比较安静的同学；时常点到他们的名字或者拍拍他们的肩膀，以提醒他们集中注意力。老师可以通过各种想到的方式去鼓励孩子，唤起他们的兴趣，提高他们的能力。

> 和学校保持良好的沟通会对孩子有帮助。

父母要负责督促孩子完成家庭作业和各项练习，为此父母必须和学校保持联系，以便知道孩子有哪些作业需要完成。当孩子不论出于何种原因拖沓完成作业时，父母必须清楚怎么处理。

对于一些刚上一年级的孩子，老师有必要检查他们有没有在作业本上记全家庭作业。妈妈不可能每天下午都像个侦探似的打来电话询问布置了什么作业。如果老师不愿检查孩子所做的记录，那就必须考虑到，孩子有可能因为记得不完整而没完成所有作业。如果发生这种情况，老师应当为此负责，不能把责任推给家长。

妈妈或爸爸全程督促孩子做作业的行为也是不可取的。虽然给孩子提供帮助是对的，而且注意力不集中的孩子也的确需要帮助，但有些孩子想自行决定接受帮助的时间、范围和方式，希望一切都按照自己的意愿进行，否则就开始哭闹。

> **！ 针对做家庭作业的实用规则**

- ★ 给孩子建立一个清晰的模式：有规律的日程安排，固定做作业的时间和地点。
- ★ 检查孩子记下来的要完成的作业。
- ★ 让孩子自己选择想先做哪一门功课。
- ★ 将需要较长时间才能完成的作业尽量分成几小部分来完成。
- ★ 和孩子商定一个时间，争取在这个时间内完成作业。
- ★ 陪伴在孩子附近，以便在孩子对作业有疑问时给予帮助。
- ★ 开始做作业之前和孩子进行一个简短的"仪式"以示鼓励。当孩子独自完成作业时一定要予以表扬。
- ★ 如果孩子在做作业时很没有礼貌地或者很大声地跟你说话，你可以给他一个选择："跟我说话时要有礼貌，这样我才会帮助你。否则我不会给你任何帮助。"

★ 如果没有你的帮助孩子就无法完成作业，那么请在孩子的作业本上做记录，以便让老师了解这一情况。

★ 如果你的孩子需要额外的阅读、写作或者算术方面的练习，可以这样做：每天晚上和孩子轮流朗读一页书，或者讨论一个句子，或者一起背诵5分钟九九乘法口诀。

家庭作业观察计划

0：根本没有做到　　1：稍微做到一点点
2：勉强做到　　　　3：完全做到

希望出现的行为	周一	周二	周三	周四	周五
完整记下老师布置的作业					
迅速开始做作业					
做作业时注意力集中					
坚持完成作业					
很少因马虎大意而出错					

得分：

一些家长会为孩子没有家庭作业感到忧虑。针对这种非常少见的情况，家长可以这样做：和孩子一起做一些算术题，晚上9点开始给孩子做听写练习，或者和孩子一起背诵一首诗歌，一起完成一篇作文。

和老师进行沟通，了解孩子应该在多长时间内完成作业。需要的话，可以在此基础上延长半个小时。如果还是无法完成，那么在延长的时间结束之后就不要让孩子继续做了，家长在作业本上写明情况。几乎所有我认识的老师都支持这种处理方式。

如果没有做家庭作业……

绝大多数小学生都很喜欢去上学，但几乎都认为写作业是一件可怕的事情。对于那些不同程度地存在内部制动机制运转问题的孩子来说，他们更是难以下定决心去做这件无聊的事情，所以他们会在内心大喊（有时会喊出来）："我不想做作业！"一旦有任何一点儿困难需要他努力克服，就可能出现这样的结果："我不会做！"离开父母的帮助，这类孩子在写作业时会束手无策。不要相信那些宣称孩子必须独立完成一切的所谓"专家"，这并不适合所有的孩子。我无法给出一个没有任何精神压力就能完成作业的方法，但有一些方法可以让这种压力尽可能地变小。

家庭作业观察计划

你可以针对孩子的家庭作业制订一项观察计划。在实施这项计划几周以后你可以了解到，是否每周有几天作业完成得比其他时间更顺利些——那么回想一下，不大顺利的那几天是否安排得太满了。如果你有按照以上表格介绍的建议去做，那么在家庭作业观察计划的帮助下你还可以了解，这些建议是否起到了积极的作用。

家庭作业观察计划中的项目同样是可以调整的。但还需再次强调的是：每次只进行一项计划！要避免让孩子产生一种全天无休止地被评估的感觉。孩子目前在学校或者在完成作业时是否需要有针对性的帮助以激发其主动性，做父母的最清楚不过。

重点整理

好动的孩子不能很好地抑制自己对运动的渴望。当孩子的坐立不安影响到自身或者打扰到他人时，过度活跃就成了一个问题，这时父母应该进行干预。对冲动型孩子有帮助的方法同样适用于好动的孩子。

孩子是否拥有良好的注意力和专注力与后天教育有部分关系，孩子的天资秉性也起着一定的作用。对有的孩子而言，要集中注意力做一件事情是非常困难的，尤其是当这件事情本身没有什么乐趣可言时。他们更加需要来自父母的支持。

年龄相对更小、不能独处的孩子
- ★ 帮孩子树立自信心
- ★ 计划一个固定的游戏时间
- ★ 有针对性地教孩子独处
- ★ 给孩子布置任务

学龄前儿童
- ★ 唤起热情
- ★ 通过以下方法练习注意力：

唱歌

朗读

猜谜语

拼图游戏

记忆力游戏

掷色子游戏

扑克牌游戏

角色扮演游戏

画画和做手工

学龄儿童

★ 进行一项学校观察计划，也可以以此作为一项奖赏计划

★ 针对做家庭作业的实用规则

★ 家庭作业观察计划

★ 和学校保持良好的沟通

克服羞怯、腼腆的孩子身上的危机

"我不敢！"

每一个孩子都有感到恐惧的时候。这是有原因的：大脑中某一部分履行着内部警报的职能。该部分位于大脑中部，呈杏仁状，有一个神秘莫测的名字：Amygdala，即杏仁核（在希腊语中 amygdale 意为"杏仁"）。当察觉到危险时，杏仁核会飞快地搏动。在孩子知道发生什么事之前，身体已经先做出反应——血液中与紧张状态有关的激素含量上升，孩子就会立刻停止刚才的动作。他的大脑变得非常活跃，肌肉张力增强，脉搏跳动加快。孩子准备好去呼救、战斗、逃跑或退却。直到这时意识上才会感知到该刺激。大脑会根据先前的经验对环境做出评估。只有收到安全信号，杏仁核才会平静下来，反之会一直保持活跃状态。杏仁核不会忘记任何事情。如果杏仁核受到极其强烈的刺激，变得异常活跃的话，它甚至能支配大脑。

如果孩子无所畏惧，也就是说杏仁核在危险时没有发出警报，这会造成严重的后果：孩子不害怕汽车，就会非常大意地跑到街上去。因为不害怕受伤，孩子就会经常冒着危险到处攀爬。孩子在 2~6 岁时更容易感到恐惧，这是由人本身的特点决定的。这一年龄段的孩子面临更多的危险。在婴儿时期孩子还不能自由行动，从而避免了危险的发生。从6岁起，孩子逐渐可以为自己的安全负责。

恐惧有时会妨碍孩子做自己喜欢或重要的事，或者令孩子在并不存在危险的环境里陷入恐慌。这些孩子的"警报系统"过于敏感，会对完全无害的外界刺激发出错误的警报。大脑没有更正这一假警报，接收了"危险！"的信息，于是恐惧加剧。小孩子并不知道什么时候的警报是真的，什么时候是假的。镇静地对待孩子的恐惧，这一点父母做得很好。随着时间的推移，孩子一般可以自己找到应对的方法。当恐惧变成一种束缚和禁锢时，孩子则需要接受相应的帮助和辅导。

"留下来陪我！"——分离恐惧和羞怯

在第35页的问卷里有一项是针对自信的，与之相对的是恐惧、羞怯的行为表现。如果你的孩子该项得分异常的话，那么你必须对此多加留意。至于该异常是否会成为一个真正的问题，要视孩子的年龄大小而定。

● 3 岁之前的分离恐惧

1~3 岁是儿童的第一反抗期①。人们也可以把这一年龄段称为"衣角期"（该表述不仅涉及妈妈，当然也包括爸爸在内）。在该阶段孩子不仅开始有自我意识，而且还能清楚地辨别出哪些事物是自己熟悉的，哪些对他们而言是陌生的、可能存在危险的。父母就在附近那该多好，这样孩子就可以向父母寻求帮助。两三岁的孩子除了父母还没有其他的庇护者。"衣角"就是孩子的人生保险，孩子们认为"在妈妈的附近总是安全的"是绝对没错的。

其实在该年龄段只有少部分孩子会因为和父母分离而哭泣。我们对超过 300 位父母的调查也证实了这一点：年龄在 1~2 岁之间的孩子有 1/3 会为此而哭泣，年龄在 2~3 岁之间的孩子有 1/6 会为此而哭泣。尽管如此，该年龄段的孩子无论以何种方式表现出对分离的恐惧都被认为是正常的，是符合他们的年龄的。父母如何应对孩子的分离恐惧很重要。要找到恰当的应对方法，首先要清楚的是：随着孩子身心的进一步发展，让孩子觉得有危险的情境是否越来越少？孩子是否越来越勇敢，越来越独立？还是说，孩子陷入了恐惧和逃避的恶性循环，致使生活圈一再缩小？如果你参照下面的做法，就能最大限度地帮助孩子：

★ 正确看待孩子的分离恐惧和胆小羞怯。

---

① 12~17 岁是第二反抗期。——译者注

★ 接受孩子的恐惧。

★ 当让孩子感到恐惧不安的情境并不存在危险时，不断地鼓励孩子勇敢去面对。

对3岁以下的孩子来说，导致危机发生的原因都有一定的代表性。

单独待在房间里

"我的孩子很缠人。我没法儿单独换衣服、淋浴，甚至连去洗手间也不行。我离开几步他就会开始哭，如果我离开房间，他会哭得更厉害。"我经常会从年轻的妈妈们那里听到这样的抱怨。如果是你你会怎么处理？一两岁大的孩子需要妈妈或爸爸寸步不离吗？一位妈妈向我讲述了她的"解决办法"：时刻和她两岁大的孩子保持身体接触。很夸张的是，她会跪在地上，穿梭在房间里打扫卫生，同时让孩子骑在自己的背上。这位妈妈的做法过犹不及。该年龄段的孩子虽然需要父母在周围守护着，也需要有被人关心的安全感（如果让一个两岁大的孩子独自在房间里玩耍，甚至还关上门，这要求显然太高了），但父母也完全没有必要将孩子"随身携带"。如果孩子愿意，可以跟着来。当你临时要去另一个房间的时候，开着门，保持目光接触，和孩子说话，这些手段能够让孩子更容易接受你暂时的离开。有时候人们会把孩子的分离恐惧和孩子所传递的"我不能自己一个人活动"混淆在一起。

孩子的分离恐惧经常会通过睡觉的问题表现出来。很多孩子不愿意晚上一个人睡觉，或者夜里醒来会哭泣。我认为，让孩子单独睡在自己的房间或者单独睡在自己的床上，这对孩子的睡眠有好处。前提是，要让孩子感到安全：爸爸妈妈就在我附近，他们很爱我，会保护我。第170页起会详细分析孩子对夜晚的恐惧。从第166页起你还可以获得更多的和孩子的睡眠问题相关的信息。

"我要妈妈"

少数存在分离恐惧的孩子会有一个固定的依赖对象。如果妈妈离开了房间，尽管爸爸还在他们身边，他们还是会哭——或者恰恰相反。这样一来，就会经常上演"我要妈妈"或"我要爸爸"的好戏：孩子自己决定由谁来为他脱衣服，谁来包扎伤口，谁来喂饭，谁来陪着上床睡觉。如果不是孩子"中意"的人去做这些事，孩子会哭得撕心裂肺。

> 恐惧有时和力量有关。

对孩子来说，"我害怕"和"我不想"两者之间的界限是不确定的。如果父母一味地妥协，任由孩子说了算，实际上是加剧了孩子的分离恐惧。父母双方无论是谁都不能被孩子胆小惊慌的哭泣所牵制。

保姆

如果你能找到一个值得信任的人，这个人也对你的孩子爱护有加，那么就算孩子会哭，你也可以试着把孩子在某些时候托付给这个人。虽然分离对孩子来说很痛苦，但每一次孩子都会得到这样的信息：你会回来的。孩子会逐渐不再害怕分离。一直在家照顾孩子不是你的正确选择，这样不利于孩子的成长。从长远看来，你无疑也将自己"监禁"起来了，你会感到失望和沮丧，孩子也会感受到你的负面情绪。

> 当有可靠的人照料孩子时，短暂的分别是正常合理的。

游戏小组

想象一下：你和你两岁大的孩子参加了一个新的游戏小组。可是孩子不愿意和别人一起玩，只是紧紧地拉着你，一直哭。你会怎么办？再也不去了？这不是个好办法。来过两三次之后你的孩子就会适应这个环境，就会松开你了。如果孩子连着四五个星期都在哭，这时才需要暂停一下。要一个两岁大的孩子快速适应这样一个复杂的团体，这个要求过高。但最晚在孩子上幼儿园之前，即3周岁前后，你务必再次进行尝试。孩子需要这样的意识："和其他小朋友一起活动，场面会显得混乱，但并不危险，也不会对我造成什么伤害。随着我逐渐习惯和其他小朋友及老师相处，我会越来越有安全感。"只有经过妈妈一再的尝试和努力，孩子才会有这样的意识，哪怕妈妈只是抱着孩子在一旁看着也会有帮助。如果不培养孩子的此类意识，那么对胆小的孩子而言，让他们离开父母、自己待在幼儿园会变得难上加难。

● 害怕去幼儿园

大多数孩子会在满3周岁时开始上幼儿园。孩子们一天之中会有好几个小时是没有父母陪在身边的，在此期间他们会认识新的朋友，要信任陌生的幼儿园老师。从那时起，音乐课和体育课等活动也不会有父母在场。对年龄相对较小的孩子而言，分离恐惧属于正常、可接受的，但如果上幼儿园时还会出现，那才真正成为问题。如果孩子早晨不愿意去幼儿园，总是哭，还可能会强烈反抗，该怎么办？如果孩子十分羞怯，根本不敢和其他小朋友一起玩，该怎么办？如果孩子无论在哪儿就是不愿意离开父母呢？类似这样的情况又该如何解释：孩子在离开父母时或在陌生环境里总是非常害怕和羞怯，在家里却总是无忧无虑，说话也很大声，甚至"调皮得让人讨厌"？

性格的作用

造成孩子羞怯和社交恐惧的原因有很多，这些原因会相互影响。孩子的先天条件起着重要的作用。通过对双胞胎的研究发现，天生的差异是存在的：同卵双胞胎在社交恐惧和羞怯方面所表现出的相似程度要高于异卵双胞胎。胆小、畏首畏尾的孩子不容易适应新环境，他们的恐惧点很低，前面提到的杏仁核会在根本就不存在危险的情况下发出警报，从而抑制孩子的行为，让孩子产生畏惧害怕的心理。秉性天生如此的孩子想要克服分离恐惧和羞怯会比其他孩子更困难一点儿。

教育的作用

孩子之间存在的差异，天生的性格不同只是其中的一个原因，父母的示范也起着非常重要的作用，孩子会在各个方面模仿父母。

特别要提醒父母的是：父母通常会很支持孩子的逃避行为，但恐惧和害怕并不会因此减少，相反还会增加。实际上，孩子只有学会经受住分离和陌生环境，才能克服对它们的恐惧。曾经以回避的方式应对恐惧的人，在重新面对时需要更大的勇气。

有的父母希望能让自己的孩子远离一切不愉快的事情，他们认为这样对孩子有好处。在家里，孩子根本不必理会任何要求，不想做的事情就不用做。对孩子来说，只存在"我想"箱子。孩子是家里的"领导"，掌控着一切。这种教育方式不仅会导致对抗行为，还会产生恐惧心理，对此你感到惊讶吗？

设想一下，如果孩子来到一个新的环境，比方说幼儿园，孩子忽然发觉："在这里我不能掌控一切！在这里我不能随心所欲！"孩子还没准备好面对这种情况，还没学会解决冲突，没学会忍受让自己感到不快的环境。孩子会怎么做？最不好的一种情况就是抗拒新环境："我讨厌那儿！

我不想去那儿！"尽管孩子还是会被送去幼儿园，但由于恐惧和害怕，他们会哭闹，会喊叫。越是冲动的孩子，抗拒的行为就越激烈。父母应该采取什么方式让孩子不再抗拒新环境？父母都愿意这么说："好吧，我可怜的孩子，那就待在家里吧！"但这么处理只能给孩子带来坏处。孩子第二天就乐意去幼儿园了吗？当然不会。孩子会比先前更恐惧。

> 每个孩子都必须学着适应，而不是去逃避新环境。

羞怯也有好处

然而羞怯也存在非常积极的一面。"我的儿子蒂姆有两种截然不同的性格！没有人相信我们家里发生的事情。在家以外的地方，蒂姆是最可爱的孩子！"我经常能听到这样的说法。尽管蒂姆在家里表现得没有礼貌，非常调皮捣蛋，但在幼儿园和其他陌生的场合他会遵守规矩，在那里他很有礼貌，也很友好。羞怯起到了在家中缺失的内部制动机制所应发挥的作用。

和很多孩子一样，蒂姆不愿意在别处引人注意，也不是一个我行我素、以自我为中心的人。人们将此称之为"社会适应"[①]，我把这种现象叫

[①] 社会适应是指个人为与环境建立和谐的关系而产生的心理和行为的变化。——译者注

作"羞怯制动机制"。然而只有当羞怯制动机制抑制了孩子的冲动行为时，它所发挥的作用才是大有裨益的。假如羞怯制动机制表现得过于强烈，从根本上阻碍了孩子在家以外的行为，那它当然就不具备任何积极的作用。

那么，你该怎么做才能让孩子迈向上幼儿园这至关重要的一步，让他们走得轻松些呢？

让孩子有所准备

如果孩子在去幼儿园之前就经常和其他小朋友一起玩耍，这将会有很大的帮助。可以让孩子参加一个游戏小组或参与由亲戚、朋友以及他们的孩子组成的私人圈子。有的幼儿园还会举办一些"交友日"，有的父母可以参与，有的是小朋友独自参加。要好好利用这个活动！

举行一个"告别仪式"

一套固定的、可预见的模式能够给你和你的孩子带来安全感。在告别亲吻前来一个共同参与的游戏或一次小小的拼图游戏，这会对孩子非常有帮助。但要注意的是，"告别仪式"的规模必须从一开始就清楚地确定下来，而不是根据孩子的情绪随时变化。

与幼儿园合作

对大多数孩子来说，分离的痛苦是强烈而短暂的。如果你的孩子不是这样，而是几个星期之后还会哭泣，那么情况就有点儿不对头。此时和幼儿园密切地合作就非常有必要。问题必须要在幼儿园得到解决，孩子必须在幼儿园感觉愉快。如果你对幼儿园的某些方面根本就不认同，例如老师的责任心和共情能力，那么考虑给孩子换一所幼儿园也未尝不可。

讲一个故事

儿童图册或小故事同样也能帮助孩子做好上幼儿园的准备。在辅导腼腆胆小的孩子时，我很喜欢用"治疗故事"，在本书以后的内容里你将会看到其中的几个。这类故事每一个都针对一种出现在孩子身上的问题，在故事结尾会提出一个解决办法。就算年龄更小的孩子也很容易产生共鸣。

我通常都会讲动物的故事，这样会和孩子所表现出的问题产生一点点距离，从而帮助他们接受提出的解决办法。这本书里所有故事的主角都是小老鼠，每一个小老鼠的故事你都可以并且也应该在讲述的时候进行一点儿改动，以便更适合你的孩子。下面所讲的小老鼠的故事可以讲给所有害怕上幼儿园的孩子听。

托尼、卢卡和幼儿园的故事

从前有两只小老鼠：卢卡和托尼。他们住在同一片森林里，是两只很普通的鼠宝宝，有着美丽、柔软的皮毛，尖尖的嘴巴和很小的牙齿。他们和家人幸福地生活在鼠屋里，每天都可以在森林里玩上一整天，追逐、嬉戏，做各种有趣的事情。

有一天卢卡的妈妈叫醒了卢卡。"卢卡，起床了！我要送你去老鼠幼儿园！"卢卡的妈妈这样说道。卢卡兴奋地蹬着他的小爪子跳起来，用尖尖的声音欢呼道："吱吱，我终于可以上幼儿园啦！吱吱，这简直太棒啦！"一眨眼的工夫，卢卡就穿好了衣服，然后冲出门去，妈妈几乎跟不上他的速度。"停下来，等等我，我可没那么快！"妈妈喊道。可是卢卡一刻也等不及，飞奔到了幼儿园的大门前。

这一天，托尼的妈妈也这么对托尼说："起床，托尼！今天是个大日子！我要送你去上幼儿园！"但托尼不愿意起床，也不想去幼儿园。"我不要，"托尼的声音也是尖尖的，"我对那儿的一切都不熟悉！你必须陪着我！""你现在先穿好衣服，"托尼的妈妈和蔼地说，"我很遗憾，对你来说，上幼儿园是这么困难的一件事。我会送你进去，在我离开前，我会和你一起玩一次拼图或做个游戏。"托尼的妈妈还得帮托尼穿衣服。托尼没有像卢卡那样飞奔去幼儿园，而是慢慢地走在妈妈的旁边。"你必须陪着我。"托尼不断地重复这句话。他的妈妈并没有说太多的话来安慰他,只是不时地抚摸着托尼那柔软的皮毛。

当他们到达老鼠幼儿园时,托尼紧紧地拉着妈妈不松开。妈妈和托尼一起走了进去,和他一起完成了一幅大大的彩色蝴蝶的拼图。然后妈妈对托尼说:"我的宝贝,现在我要走了,我很快就会来接你。再见。"她亲了托尼一下,然后走了出去。托尼的小嘴巴在微微地颤抖,乌黑的小眼睛里噙满了泪水。他感到很孤单。在这儿他谁也不认识!他很想放声大哭。这时走过来一只亲切的大老鼠,他牵起托尼的手,对托尼说:"你好,托尼,我是皮亚。我来告诉你在这儿你能做些什么。"

托尼心里还是很想哭,但还是仔细地看了看四周。他看到其他的小老鼠在做游戏,玩耍追逐,听到了愉快的说话声。这一切对托尼来说都有些陌生,但并不危险。这时,他看见了卢卡。托尼和卢卡以前一起在森林里玩过。卢卡这时候正在对自己的妈妈说:"妈妈,你什么时候才离开这里啊?现在我想要和其他的小老鼠一起玩!"说完用他那尖尖的嘴巴朝着大门的方向轻轻地碰了妈妈一下。托尼感到很惊讶。卢卡走了过来,对托尼说:"我认识你!我们一起垒积木吧!"一切都进行得很顺利。托尼和卢卡一起玩积木,托尼开始觉得幼儿园也没那么可怕了。接下来,他画了一会儿画,又和其他的小老鼠一起在外面跑着玩,看他们

> 和大老鼠皮亚一起做各种游戏。在唱儿歌《掉进坑里的小老鼠》时，托尼也轻声地跟着一起唱，因为他已经学过这首儿歌了。这时妈妈也已经站在门外，来接托尼回家了。托尼开心地向妈妈跑过去，他觉得自己长大了，勇敢了。整整一上午没有妈妈陪在身边，自己也能过得很好。"明天我还要画一幅画。"在往外走时托尼对妈妈说。妈妈非常高兴，温柔地亲了一下托尼那小小的、软软的嘴巴。

在这个小老鼠的故事里，托尼的妈妈告诉我们该怎么去做。"她"表现得很冷静，很重视托尼的感受，没有过多的言语，而是进行了一项"告别仪式"。你和你的孩子现在也可以这样进行练习，逐渐使孩子克服分离恐惧和羞怯。学托尼的妈妈那样做。故事以及和孩子一起进行练习是一个整体，不能单独进行某一项。

自己也要放轻松

把孩子交给幼儿园几个小时，这对你而言也是一种新的体验，一开始也会不习惯。如果你孩子的表现不像故事里那只勇敢的小老鼠卢卡，而更像腼腆的小老鼠托尼，你肯定也会有些担心。但是如果你表现得沉着冷静，就能带给孩子勇气。你的沉着冷静从何而来？首先，你必须要信任幼儿园和幼儿园的老师。在接下来的几个小时里你不能待在幼儿园里，没办法为孩子解决冲突，在孩子害怕时也不能在他身边。你必须忍受这些。在你把孩子交给幼儿园的那一刻，也把责任一同交了出去。如果孩子哭，会有老师去安抚孩子，这一点你大可放心。你和老师保持密切的联系就可以。你必须准备好和孩子分开，必须要放轻松。可能这对你和孩子一样都非常困难。

● 害怕上学

很多孩子盼望着上学，甚至都等不及开学的那一天。与之相反，有的孩子觉得上学非常难受。如果孩子对你说："学校是个讨厌的地方，我不想去上学！"你该怎么办？你当然可以反复地告诉孩子，学校是一个多么棒的地方，其他孩子都很盼望去上学。但你认为这有用吗？我认为不会起任何作用。不论出于何种原因，你的孩子目前对学校没有什么好印象。如果你一直说学校的好处，孩子会觉得没有受到认真的对待。同时你还向孩子传达了这样的信息：孩子对学校不好的印象是"不正确"的。这样一来，孩子对学校的抗拒会越来越强烈。

尊重孩子的感受

你应该认可孩子的感受，但不要让孩子存在一丝侥幸心理，认为自己可以不去学校。哪怕父母以强势和对立的态度介入此事，也要避免让孩子对上学感到害怕。父母可以采取这样的说法："你不想去学校，为此我很遗憾。所有的孩子都必须去上学，没有人可以例外，但幸运的是，没有人是必须喜欢去上学的。"

对腼腆的孩子来说，他们需要敞开自己的内心，和别人谈论自己的顾虑。建议如下：

★ "不久之后你要开始一种全新的生活，这对你来说真的不容易。"

★ "学校让你感到不安？——你并没有真正地了解它的情况，是吗？"

★ "你觉得学校一点儿也不美好吗？你是怎么想的？——学校怎么会是这样的呢？"

进行角色扮演游戏

可以让孩子通过角色扮演游戏做好上学的准备。每一个孩子都喜欢玩学校题材的过家家游戏。你可以让孩子扮演老师，有黑板和粉笔作为游戏道具当然最好，没有也没关系，可以用一大张纸和一支粗笔代替。让孩子教给你一些他会的东西。

当你是一个"学生"时，要表现出笨拙的样子，这样孩子就必须反复地给你讲解：你不可能立刻学会怎么去画一个太阳、一座房子，怎么去写好一个数字、一个字母。在完成"家庭作业"时也要让孩子向你提供帮助。

一开始，你不敢举手发言或回答问题。随着游戏的进行，你慢慢地克服了自己的困难。通过游戏，你就为孩子做出了一个好榜样。当然，你不能强迫孩子玩这个游戏，只能是提议。但这个游戏很值得尝试，你和孩子从游戏中获得的乐趣越多，受益也就越大。

面对"肚子疼"的孩子要坚持立场不动摇

成功完成了从幼儿园到学校的过渡，孩子也克服了开始时的各种困难，父母可以舒一口气了。然而，在第一个假期结束后的几周内还有一个关键时期。

6岁的尼克出现过这样的状况：每当秋季假期后的开学第一天，学校总会打来电话：尼克肚子疼，家长必须来接他回家。他妈妈在和我谈话时说："当我到学校接他时，他立刻就又活蹦乱跳，非常高兴。"儿科医生经过详细的检查也没有发现任何异常。尽管如此，第二天尼克还是会因为肚子疼被接回家。

小莎拉也有类似的情况，同样是在一年级的时候。她也会在假期后因为肚子疼而必须由家长接回家，医生在莎拉身上同样也检查不出什么异常。和尼克一样，莎拉一回到家里立刻就会活蹦乱跳，表现得很开心。两起事件中的家长都和学校老师沟通过，希望能找出原因，但他们一无所获。

莎拉在家里待了几天，然后她就再也不愿意去上学了。为了缓和莎拉的情绪，整整一星期，她的妈妈都陪着她一起去学校，还坐在她的旁边，希望这样能帮到自己的女儿，让她以后不再害怕独处。但事与愿违，到了第五天，即使有妈妈陪着，莎拉也不愿意去学校了。她不停地哭泣，紧紧地抓住什么就不愿松开。有了这样的经历,想让莎拉不再逃避是一件非常困难的事情。这件事涉及的每一个人都会耗费很大的精力,都会很辛苦。莎拉妈妈的"帮助"实际上帮了倒忙。这样做莎拉是学不会如何去克服分离恐惧的。

尼克妈妈的做法截然不同。她刚把尼克从学校里接出来,就看到了尼克欢快的笑脸。她明白,在尼克的潜意识里可能存在这样的想法:"只要我有什么地方不舒服,我就会被接回家,然后我立刻就会没事了!"这种潜意识造成的肚子疼可能会给尼克带来一个非常满意的结果。尼克的妈妈不想支持尼克的这种行为,因此她态度和蔼、立场坚决地对尼克说道:

"有时候在学校你会觉得肚子疼,对此我感到很难过。假期结束后回到学校重新适应真的是一件很难的事情。但是你的肚子没有任何问题,你的医生告诉过你了。肚子疼让你感到很难受,但并不会让你有危险。就算肚子疼,你还是可以继续在学校上课的。以后我不会再来接你了。"

第二天尼克觉得肚子只有一点点疼。从第三天起尼克忍受住了肚子疼。尼克妈妈坚定的立场帮助尼克渡过了难关,这对尼克非常有益。通过这件事,尼克知道自己能够应对一些困难情况,而不必回避、逃开。尼克为此感到十分骄傲。

孩子时常会出现"肚子疼"的情况,还有更严重的情况,比如在学校门口呕吐或因为焦虑而紧紧抓住父母不松开——这些情况较少发生。对于这些很棘手的问题并没有巧妙的解决办法。父母不能犹豫不决，而要尽快给孩子提供专业的帮助。

"怪兽来了！"——恐怖的幻象

性格极其羞怯和具有严重分离恐惧的孩子的恐惧点很低，因此即使大脑受到的刺激是没有危害的，它也会发出警报。而恐怖幻象的产生根本不是因为受到任何外界的刺激，而是孩子自己的臆想让自己感到害怕。可能会是某个念头，也可能是想象出来的某种形象，总之它会令内部警报系统，即杏仁核，变得活跃起来，从而产生强烈的恐惧。年龄较大的孩子能够知道，那些令他们感到害怕的形象源于自己的想象，然而这对他们并没有起到多大的作用。年龄较小的孩子有时还分不清想象和现实。可以肯定的是，虽然会产生恐怖的幻象，但孩子绝非"精神失常"。

● 茉娜和怪兽

6岁的茉娜非常害怕一头丑陋不堪的黑色怪兽，这头怪兽随时会出现，尤其是在傍晚和夜间。茉娜向我详细地描述了它的样子：

"它很大，比我大多了，还很强壮。它的毛是黑色的，乱蓬蓬的，头发很长。毛的下面是黏糊糊的皮肤。头发遮住了它的黑眼睛，几乎全给挡住了。它闻起来像是腐烂的鱼的气味。它没有手，也没有胳膊，但有一嘴尖利的牙齿，嘴巴里是淡红色的。我很怕它会把我抓到它的洞穴里。"

这头怪兽每天随时可能出现，特别是到了晚上，情况更加糟糕。茉娜确信，这头恶心的怪兽就在她身边。茉娜为何会幻想出这样一个形象无从知晓的东西呢？她是一个敏感、有创造力的小姑娘，想象力非常丰富，正是这一点给她造成了困扰。除了就问题本身寻找解决方法以外，还有没有其他更好的选择？

我请茉娜"约"这头怪兽来我的诊所，她毫不费力地做到了。根据茉娜的描述，它身上的毛一绺一绺的，皮肤滑腻腻的，就站在我办公室的绿色植物旁边，比这株高大的植物还高出一截，散发出一股鱼腥味儿。我能清楚地看到，茉娜变得非常紧张和不安。因为这头怪兽源于茉娜自己的想象，所以茉娜完全可以让它做出积极的改变。我问茉娜是否能让这头怪兽缩小，比如说缩到像只猫或老鼠那么大。不太成功。那就试试让怪兽变一种颜色，我建议用白色代替黑色。茉娜的精神稍微放松了一些。这头怪兽的威胁程度降低了。我让她再试试别的颜色，茉娜忽然显得很高兴，"粉色！"她说道。于是怪兽就变成了粉色。我们一起走到怪兽旁边，我提议茉娜仔细摸一摸怪兽粉色的皮毛。"非常柔软，感觉像在摸厚厚的绒毯，"茉娜轻声说道，"它还散发出玫瑰的香味！"

通过"变换颜色"这个简单的建议，怪兽就变成了亲切的毛绒动物玩具。从现在起，茉娜可以随时进行这种变换。我们还更进了一步：茉娜自己有了一个主意，就是每当自己感到害怕时，就召唤这只新臆造出来的、体形巨大的粉色怪兽来帮忙。她还画了几幅画：在一张较小的纸上画了一只骇人的怪物，在另外一张大纸上画了一头可爱的粉色毛绒怪兽，最后画了一幅描绘粉色怪兽如何赶走狼群的画，那些狼晚上有时想爬上她的床。茉娜通过这种方式彻底摆脱了恐怖幻象的纠缠。

！让恐怖幻象发生积极的改变

如果你的孩子因为自己想象出来的情景而感到害怕，那么你可以利用他的想象力来帮助他摆脱恐惧。让孩子详细地描述一下他所幻想出的情景，然后向孩子提出一些可以让恐怖幻象发生积极变化的建议。例如：

★ 你想让它变得小一点儿吗？
★ 你想不想给它换一种颜色？
★ 你想不想给它换一种嗓音？
★ 你想不想让它到别的地方去？

引起恐惧的情景

茉娜恐惧的起因不得而知，而找出其他孩子感到害怕的原因非常简单。哪些事物特别容易引发恐怖的幻象？是那些超出孩子接受能力的图像和情景。如今，即使很小的孩子也认为暴力的电脑游戏和电影很"酷"，虽然这让我感到很惊讶，但一些孩子仍然保持了他们的敏感。有些孩子会出现这样的情况：如果某些场景令他们觉得毛骨悚然或是很残暴，他们就会受到这些场景的纠缠和折磨。

7岁的黛博拉就是一个这样的孩子。"哈利·波特"系列电影允许6岁以上的儿童观看，其中一个情景是一条栖身在自来水管道里的蟒蛇可以用它的目光杀人。黛博拉看到这个镜头后陷入了极大的恐慌之中，特别是蟒蛇那双可怕的眼睛一直折磨着她。她不敢独自去洗手间，因为会看到那条蟒蛇从水槽里钻出来，晚上睡觉时也害怕，因为她感觉到那双危险的眼睛就在衣柜后面盯着自己。

想要改变这条蟒蛇在黛博拉脑海中的形象不是一件容易的事情，因为这个印象非常深刻。首先我们必须了解，哪些事情会让黛博拉感到轻松和愉快。黛博拉会定期去骑马，特别喜欢一匹名叫"小星"的矮种马。小星的体形很大，也很强壮，因此是对付蟒蛇的绝佳帮手。我问黛博拉："小星会怎么对付那条蛇？"她的回答是："小星会用它的蹄子踢那双眼睛。"黛博拉根据自己的想象在一张很大的纸上画下了这个相当暴力的场景。从图画上人们可以看见喷涌而出的鲜血！她还把自己也画了进去，就站在小星的旁边。黛博拉做得非常好。她不再把自己当成一个无助的牺牲品，而是一个胜利者——和强壮的伙伴一起战胜了蟒蛇。

接下来我们和黛博拉的妈妈进行了谈话，商量如何才能让黛博拉不再害怕独自去洗手间和晚上一个人睡觉。我们可以从几秒钟的练习开始，逐渐延长时间，直到黛博拉敢一个人洗澡、刷牙，能够一个人上床睡觉。这么做的前提是，黛博拉的恐惧感已经通过想象练习减轻了许多。

没有什么讨巧的解决方法能够帮助消除所有恐怖的幻象，但利用孩子的想象力引导孩子克服恐惧，这个办法值得父母一试。而如果问题非常严重，就需要向医生寻求帮助。

"我很害怕！"——儿童恐惧症

所谓"恐惧症"，就是对并无危险的外界刺激表现出强烈的恐惧或惊慌失措。不仅是孩子，成人也会患恐惧症。某些动物，比如蜘蛛、蛇或狗，大的声响、黑暗、火光、电梯、狭小的空间、大型植物、血等许多因素都能引发恐惧症。有恐惧症的人一般都有过不好的经历，甚至曾经受过创伤。例如：

★ 一个曾经被狗咬过的孩子，可能连看到图画书上的狗都会感到害怕。

★ 一个经历过火灾的孩子，可能在厨房看到水蒸气也会惊慌失措。

许多孩子的恐惧反应会随着时间的推移而减轻。只要在相对较长的一段时间里不再发生危险，那么内部警报系统就会把该刺激再次归入"无危害"的范畴。有些孩子的杏仁核在很久以后还是会发出警报——确切地说是假警报，可能这一类孩子的警报系统本身就比较敏感，恐惧点也非常低。也可能是他们经历的事件本身非常严重，造成了强烈的伤痛和恐惧。如果这两种可能性同时出现，那么极有可能产生持久的恐惧感。

5岁的雅尼娜就是这样的情况。她因为对气球的强烈恐惧来到我的诊所寻求帮助。雅尼娜的情况比较糟糕，她甚至拒绝靠近有气球的房子，例如幼儿园、她姐姐的学校或她的小伙伴的房间。就连人行道上的气球也会引起雅尼娜的恐惧。而这一切都源于一次不好的经历：

在雅尼娜还不到两岁的时候，她参加了一个比她大的小男孩的生日会。生日会现场到处都是鼓鼓的气球，这个小男孩开始一个接一个地踩爆这些气球。雅尼娜被巨大的响声吓坏了。因为她太小，所以也打不开门。雅尼娜无处可躲，只能放声大哭。

这种情形持续了好一会儿，直到妈妈赶来解救了这个可怜的小女孩。雅尼娜对这次意外已经没有印象了，但她的杏仁核却对此印象深刻，从那时起，凡是和气球有关的都被归入"高危"行列。所以雅尼娜会回避和气球的接触，也意识不到实际上并不存在危险。这种恐惧甚至随着时间的推移变得越来越强烈。

雅尼娜要摆脱对气球的恐惧只有一个办法：正视这种恐惧，不再逃避。这对雅尼娜来说非常困难，所以我和她的妈妈虚构了一个老鼠的故事。故事再现了雅尼娜曾经面临的问题，当然，故事的结局很积极：这只名叫詹妮的老鼠最终找到了解决办法——这会诱导雅尼娜想出解决办法，而不是一味地逃避。

詹妮和气球的故事

詹妮是一只快乐的小老鼠，她还在上老鼠幼儿园，但非常期待上小学的那一天。有一天，詹妮来到了森林的另一边，她要去找她的好朋友克莱尔。等等！在克莱尔家门前，詹妮看到了一些非常可怕的东西。那儿挂着四个气很足的彩色大气球！只要还活着，詹妮就绝对不可能走进克莱尔家——那个洞里！她大声地尖叫着，以最快的速度跑开了，直到上气不接下气才停了下来。詹妮在一朵花下面坐下来，不停地流着眼泪。这时从上面传来一个友好的声音："嘿，你怎么哭了？"詹妮一看，原来花上面落着一只色彩斑斓的大蝴蝶。"我刚刚才从一些危险的气球那儿逃开。"詹妮抽噎着说。"怎么会危险呢？"蝴蝶问詹妮，"那些彩色的气球很漂亮呀，就像我一样。"

詹妮回答说："我知道那些气球有多么危险。在我还小的时候，有一次，有许多气球爆掉了，恰好我也在场，我没办法离开那儿，真的是非常非常可怕。这时胆小小野兔走过来告诉我，气球是这个世界上最危险的东西。它们总是会爆掉，声音很大，弄得人很疼，仿佛整个耳朵都要裂开了。""哦，原来是这样。"蝴蝶说，"胆小小野兔欺骗了你。气球大，但是并不危险。你瞧！"

说着，蝴蝶从一片叶子下面拿出一个彩色的、闪闪发光的小气球。"别跑，詹妮，我不会吹很大的。"这一次詹妮表现得很勇敢，并没有跑开。蝴蝶把气球吹得很小，然后又把气放掉了。气球真的没什么危险。从这一天起，蝴蝶每天都去找詹妮，气球也一天比一天吹得大。过了几天，詹妮已经可以自己吹气球了。又过了几天，蝴蝶戳爆了一只气球，詹妮立刻大声叫起来，并用手捂住了耳朵。后来詹妮只捂一只耳朵，再后来就没有捂过耳朵了。不知什么时候詹妮敢自己拿针了。虽然她的小爪子在发抖，肚子也不舒服，但她鼓足了勇气——用针一戳，气球嘭的一声爆了。"我戳破了一只气球！"詹妮大喊着向克莱尔家跑去。那四个气球依然在克莱尔家门口挂着，但看着已经有点瘪了。"克莱尔，出来！"詹妮叫道，"出来，我们来戳气球。"克莱尔从洞里出来了，他和詹妮手里都拿着一根针。克莱尔戳破了一只瘪瘪的红色气球——气球发出了噗噗的声音。詹妮戳破了一只瘪瘪的绿色气球，气球嘭地轻轻响了一下。"哇哦，你真的不再害怕了耶！"

> 克莱尔非常惊奇地发现。
>
> 　接着，他们数"一，二，三"，然后同时戳破气球：克莱尔戳的是绿色的，詹妮戳的是蓝色的。嘭——噗噗。克莱尔又拿来两个新的红色气球，他们一起吹起气球，然后又在数完"一，二，三"后同时戳破了这两个气球，这次的嘭——嘭——两声真的非常响。詹妮和克莱尔哈哈大笑，快乐地在森林里奔跑着，詹妮大声地说："如果再让我碰到胆小小野兔，我一定会要他好看！"

像故事里的老鼠那样，雅尼娜在家里和爸爸妈妈一起进行"气球练习"。每天增加一点儿难度。几周以后，雅尼娜真的能自己戳破气球了。现在，她再也不怕生日会或人行道了。

你可以尝试虚构一个故事，故事内容要针对孩子存在的问题。你先描述一个可怕的情境：孩子喜欢的一种动物正在经历这个情境。它会遇到一个能帮助自己的朋友（比如蝴蝶）向它证明："这不危险！"然后逐步帮助它克服恐惧。这样做能让孩子适应这种情境。但有时候孩子的恐慌非常严重，或者孩子曾受过较为严重的伤害，那么你最好向专业人士寻求帮助。

每个孩子都能应对挑战
Jedes Kind kann Krisen meistern

重点整理

　　所有孩子都会产生恐惧的感觉，这是有好处的。因为恐惧能让孩子避免危险、向父母寻求保护。但是，如果孩子因为害怕而不愿意去参加自己喜欢的或者重要的活动，或者在并无危险的情况下陷入恐慌，那么，这类表现就超出了正常的范围。这时，孩子就需要有人向他们提供帮助。

分离恐惧和羞怯

- ★ 接受它，因为小孩子普遍存在这种现象。
- ★ 让孩子多接触自己害怕但并无危险的情境。

害怕去幼儿园

- ★ 讲一个故事。
- ★ 自己要放松心态。
- ★ 举行一个"告别仪式"。

害怕上学

- ★ 尊重孩子的感受。
- ★ 进行角色扮演游戏。
- ★ 面对"肚子疼"的孩子要坚持立场不动摇。

恐怖的幻象

- ★ 利用孩子的想象力，让恐怖的幻象发生积极的改变。

恐惧症

★ 讲一个故事,让孩子逐渐适应所害怕的情境。

克服睡觉、吃饭和上厕所等方面的危机

"我的身体属于我！"

睡觉、吃饭、上厕所——这是每个人都要做的事，从一出生开始，直到生命的最后一天，如同呼吸一样自然而然。这些事情竟然能造成一个家庭的压力和危机，这难道不令人感到意外吗？这些虽然是天生的能力，但有没有可能出现什么问题呢？

答案是肯定的。每天晚上要照看哭闹的孩子好几次，父母会很累，筋疲力尽，甚至彻底绝望。一位在烹饪食物时满怀爱意的妈妈，会因为孩子吃饭时噘嘴吊脸、不肯尝一口而感到非常失望。4岁大的孩子可能还需要包尿布，这让父母感到非常担心。毫无疑问，每一个孩子都能自己睡觉、吃饭、上厕所，但作为父母，我们很清楚在何时、何地、以何种方式做这些事情才恰当，我们也要教给孩子这些常识。这是教育的一个重要部分，也切实关系到我们自己的需要。我们也想好好睡觉；我们也想单独安静地吃顿饭，享受食物，在某些时候我们对孩子的排泄物厌烦极了。但是我们要记住：在睡觉、吃饭和打理个人卫生等事情上，作为父母，只可以对大体框架施加影响：我们可以决定几点让孩子上床睡觉，几点叫他们起床，陪孩子多久；我们可以决定几点吃饭，吃什么；我们可以把孩子带去厕所，不再给孩子包尿布。但我们要对自己与孩子的"身体范围"①设定一个界限，不去越过它。

> 你的孩子最终会自己决定什么时候睡觉、吃饭、去厕所。这是他的身体！

"我不想睡觉！"——帮孩子学会睡觉

你的孩子一般要超过 30 分钟才能入睡吗？一个星期里总有几个晚上会闹着不睡觉吗？晚上醒来会哭闹吗？尽管根本不受欢迎，孩子晚上还是要和你一起睡吗？孩子会不会在入睡后的头两三个小时里忽然喊叫起来，然后再也安静不下来？孩子会不会梦游？会不会做噩梦？

如果你的答案有一个或几个是肯定的，这就表明，你的孩子在睡眠方

---

① "身体范围"可以表明人际关系的亲密程度，比如身体范围为 40~50 厘米的，属于亲密空间，表明双方关系密切。但在这里的意思是，在孩子睡觉、吃饭、上厕所等问题上，父母应该保持一定的距离。比如，让孩子自己吃饭，如果孩子不愿意吃或不肯自己吃，父母也不要喂孩子吃饭。——译者注

面存在问题。睡眠障碍在婴儿和 3~6 岁的孩子中非常常见，两岁以下的儿童中有 20%~25% 存在睡眠障碍。虽然睡眠障碍会随着年龄的增长逐渐有所好转，但它仍然是最常见、最严重的行为问题之一。

为了能很好地应对孩子的睡眠问题，你首先应当了解一些有关儿童睡眠的常识。

● 儿童的睡眠规律

婴儿还不知道白天和夜晚的差异，因为由大脑控制的睡眠模式还没有完全成熟。他们无论白天还是晚上都一样要吃奶、睡觉，晚上还会因为肚子饿而醒过来好几次。如果不这样的话，就根本不可能在短时间之内让自己的体重增加一倍。随着婴儿的成长，他们逐渐养成白天小睡、夜里长睡的规律，大概从 6 个月大时起接近成人的睡眠模式。这时，他们不再需要晚上必须吃奶，已经具备在晚上安睡 10~11 个小时的条件。另外要说的就是白天小睡：一岁至一岁半的孩子通常白天还需要小睡两次，之后变成睡午觉。到了三四岁，有时甚至还不到 3 岁，孩子就彻底不再需要午睡了。需要注意的是，孩子的睡眠时间和状况因人而异，白天的睡眠会对夜间睡眠产生一定的影响。

睡觉，醒来，再次入睡

睡眠分为深度睡眠和做梦期两种。深度睡眠状态下大脑处于安静状态，做梦期状态下大脑则非常活跃。孩子在睡着后首先进入几小时的深度睡眠，在这个阶段绝大多数孩子都睡得特别熟，不容易被吵醒。之后深度睡眠状态和做梦期状态交替出现，整个睡眠过程一般有 5~6 次转换。在此期间，通常是在做梦期结束后，每个孩子都会短暂地醒来一下，"审视"是否一切如常。

也就是说，实际上孩子并不是连续睡觉。每个孩子一晚上都会醒来好几次，这是正常的。如果没有父母的帮助，孩子醒来后是否可以再次入睡？如果可以，那好极了，父母根本不会留意到孩子刚才醒来过，父母会自豪地说："我的孩子一觉睡到天亮！"但实际上他们应该这样说："我的孩子在晚上醒来后可以自己再次睡着。"

与此相反，如果孩子每次醒来都会哭，叫喊，或者坐起来，就会造成很大的困扰。因为孩子不能自行入睡，就需要父母的帮助。在这里，孩子的入睡习惯起着至关重要的作用。

如果孩子晚上睡觉前或夜里醒来后，即使在父母的帮助下也无法入睡，可能还有一个原因：睡觉的时间不合适。

● 睡眠问题的产生和处理

为什么有的孩子晚上需要很长时间才能睡着？为什么有的孩子夜里总会醒一个小时或更长时间？

孩子只有在真正感到累的时候才睡觉。当孩子躺在床上时，他的生物钟必须指在"睡觉"的时刻，否则，孩子就睡不着——无论父母采取什么办法干预。如果孩子每天长时间醒着躺在床上，他对床的抗拒和对睡觉的抗拒就会增加。孩子和你的感受是一样的——你晚上在床上翻来覆去睡不着的时候会觉得舒服吗？不规律的睡眠时间和睡眠时间过长是造成睡眠障碍的常见原因。

> **！床上时间 = 睡眠时间**
>
> 　　父母几乎无法影响孩子睡眠时间的长短，但能帮助孩子养成有规律的、符合睡眠需求的作息习惯。固定的睡觉时间和起床时间非常有益。如果孩子还没有形成自己的生物钟，那么父母可以在早晨或者午睡之后叫醒孩子。
> 　　父母应注意不要让孩子躺在床上的时间长于真正睡着的时间。应遵循的原则就是：床上时间 = 睡眠时间。
> 　　如果孩子晚上或夜里会醒着在床上度过一两个小时，那么父母应该将这一两个小时从孩子的床上时间里剔除出去：让孩子晚点儿上床睡觉或者早点儿叫醒他，不然就双管齐下。有时取消午睡或缩短午睡时间效果也很好。通过这种方式能让孩子知道，床就是用来睡觉的地方。你需要有耐心：养成新的作息规律需要一到两星期的时间。

一个由习惯引发的问题

　　每个孩子在夜里都会醒来几次。之所以这样，是因为孩子在进行验证，看一切是否和自己睡着前一样。如果孩子无论白天还是晚上都能躺在床上自己睡觉，那么他就能再次自行入睡。如果孩子夜里醒来发现和睡觉前有不一样的地方，就会觉得不对劲，于是就开始哭，直到一切都恢复到睡着前的状态。如果孩子含着奶嘴睡着了，那么在他每次醒来时都要有奶嘴在嘴里。如果孩子晚上睡觉前要多喝了一瓶奶，那么夜里他也会想要喝，通常会有好几次。如果孩子是在父母的床上睡着的，那么夜里他还会想回到那里。孩子又怎么能知道，即使没有这些东西的帮助他一样也能再次入睡？每晚孩子都会获得这样的信息："如果我哭闹或是喊叫，爸爸妈妈就会过来看我，还会把能让我入睡的东西给我。"奶嘴、奶瓶、父母的床——所有这些入睡习惯都会妨碍孩子正常地在夜里再次自行入睡。

> **! 睡前仪式**
>
> 要想让孩子安睡，恰当的睡眠时间和美妙的睡前仪式不可或缺。每晚睡前有一套固定的程序会帮助孩子养成良好的作息规律。在让孩子上床睡觉前，妈妈或爸爸可以用十几分钟的时间和孩子一起，让他在亲情温暖的氛围中安然入睡。睡前仪式可以是一个小游戏、一个晚安故事、一首童谣或是一次祷告。充满爱意的关怀能减轻孩子对夜晚和父母分开的恐惧，反之则会加剧孩子的恐惧。晚安吻别后整个睡前仪式就结束了，此时父母应该离开孩子的房间或床。如果孩子能在他的床上自己睡着，那么在夜间也可以再次自行入睡。

有计划地采取措施

你的孩子是否不论白天黑夜，只要单独躺在床上就会开始哭？或者即使睡眠很有规律，睡眠时间安排得也很合理，孩子还是会在晚上醒来好几次并且会哭？如果是的话，那么孩子需要学会自行入睡。建议家长有计划地采取措施，以便减轻自己和孩子的不适应。前提条件是，孩子至少已经6个月大，并且身体健康。第一步，在孩子睡觉前把孩子和他的入睡习惯暂时隔离开。要注意不要让孩子在你的臂弯里或者在用奶瓶喝奶时睡着。美妙的睡前仪式之后，等孩子在他的床上躺好你就离开。如果孩子哭，你就按照事先确定的时间表每隔几分钟安抚一次。间隔时间最初可以是1分钟，然后慢慢延长，但不要超过10分钟，尤其是孩子越小，时间间隔应该越短。你可以陪孩子一会儿，轻声和他说话，让他感受到你的爱，但不要给孩子那些他睡觉时习惯拿着的东西，也不要把孩子从床上抱起来。一两分钟后，无论孩子是否安静下来，你都应该离开他一下，这样反复地进行几次，直到没有你的帮助孩子也能自行入睡。如果你白天和晚上都这样做，那么在几天之内，情况特殊的话几个星期之内，你的孩子应该能够自行入睡，中途醒来也不会哭闹。

夜奶

实际上从6个月起孩子在夜里就不再需要多次吃奶了。如果你的孩子已经两岁，却还要每晚喝一瓶或几瓶奶，这是一个不好的入睡习惯，或者说是"经过训练的饥饿"：孩子习惯了在晚上吃本该白天吃的饭。

赖在父母床上

尽管你反复说过不喜欢孩子到你的床上，但如果孩子仍然执意这么做，说明这是他的一个入睡习惯。这种习惯非常普遍。当孩子的这种习惯让至少一位家庭成员感觉受到了严重的打扰，才算得上是睡眠障碍。只有这样，才有理由做出某些改变。

夜惊

在入睡后1~4小时内，孩子逐渐从深度睡眠转入做梦期。通常父母根本注意不到这种转化：孩子会有一些细微的动作，然后再次回到深度睡眠状态。但有的孩子会较长时间地陷入这种混乱的状态里，并有一些明显的行为：梦呓、夜惊或梦游。孩子在睡着大约一个小时后突然喊叫起来，表现得躁动不安，这与孩子的睡眠习惯并无关系，专业术语称这种情况为"梦惊"（Pavor Nocturnus）或"夜惊"。6岁以下的孩子出现夜惊的情况一般不是由精神压力引起的，而是和孩子尚不成熟的睡眠模式有关，此外，也有遗传因素的影响。

夜惊事先往往并无任何征兆。孩子会忽然大声地喊叫，从床上坐起来或站起来，手脚乱动或者自己打自己，并对别人试图安抚的行为缺乏反应，抗拒肢体接触。此时孩子感觉不到父母的存在，看上去就像是"陷入了沉思"。有时候也可能会简短地说些什么，但内容几乎无法理解。夜惊持续的时间由几分钟到半小时不等，结束后孩子很快会再次入睡,就好像什么也没有发生过,第二天醒来后对自己夜间的行为没有任何记忆。

梦游的孩子会离开床铺,在家里神出鬼没地来回走动。尽管少了大声的喊叫和激烈的动作,但梦游与夜惊的性质相似。梦游的孩子也对别人试图平息梦游的行为缺乏反应,第二天醒来后对自己夜间的所作所为一无所知。

❗ 夜间饥饿／口渴:减少夜奶的量

有时孩子并不是真的需要吃奶,而只是养成了这个习惯。晚上临睡前尽量不要给孩子喂奶,夜里也不要喂。如果孩子哭,可以按照前面的建议有计划地采取措施。

较为温和的办法是逐渐减少夜奶的量。如果孩子哭,可以给他一瓶奶,但每次减少大约 10 ml 的量。当夜奶量减至零时,如果孩子哭,可以有计划地采取措施。你会发现,孩子并不是真的渴了或饿了,而仅仅是一种习惯。

赖在父母床上:开门关门法

年龄较大的孩子半夜起来去父母的床上睡觉,这种情况并不少见。如果父母和孩子都能睡好,那就没什么问题。如果你觉得自己的睡眠受到了影响,你应该明确地让孩子知道你的立场。解决的办法是:每一次都坚持让孩子回到自己的床上去睡。有效果的一个方法是:开门关门法。

它和"暂停"类似，具体规则是："如果你躺在自己的床上，我会把你的房间门打开。如果你不在自己的床上，我就会关上门。"当孩子起来离开自己的床时，父母应该把孩子送回去，然后立刻离开孩子的房间并关上房门。父母留在孩子的房门口，每隔一两分钟打开门观察一下情况，向孩子重申一下规则，直至孩子最终躺在他自己的床上为止，这时可以把房间门打开。

梦游和夜惊：进行安全防范

梦游的孩子需要一个安全的环境，父母要记得关好门窗。不要叫醒孩子，照看着他就行。试着轻柔地抚摸、触碰孩子，看这样能否让孩子安静下来。如果孩子表现出抗拒，就停下来。第二天也不要问孩子夜里发生的事。帮助孩子养成规律的作息，保证孩子有充足的睡眠。家长要有信心，这个问题会随着孩子的成长自然消失。如果孩子6岁之后还经常受到夜惊的侵扰，甚至越来越频繁，父母应该向儿科医生或儿童治疗师寻求专业的意见。

害怕去睡觉

即使是最勇敢、最活泼的孩子，有时也会在天黑后要自己去睡觉的时候感到害怕，许多孩子不愿让父母离开自己的房间。有时这纯粹是一场权力斗争，孩子想通过斗争获得父母额外的关注和照顾。在这种情况下，正确的做法是坚持立场不动摇，坚持遵循已成习惯的睡前仪式。

一些孩子是真的害怕分离、黑暗或自己想象出来的图像，例如女巫、怪兽或幽灵。注意观察孩子的身体语言，以确认孩子是真的害怕还是仅仅为了吸引父母的注意力。如果孩子确实感到害怕，父母应该帮助他。在前面"恐怖幻象"这一小节中有一些有益的建议。

> 是真的害怕还是想要引起注意？要区分这二者并不简单。

梦魇

3~6 岁的孩子更容易发生梦魇。梦魇会重现白天的冲突和经历。这个年龄段的孩子还不能清楚地分辨幻象和现实。虽然他们已经有所认识，但不是总能做出正确的判断，也不能很好地自己应对各种状况。这样就很好理解，为什么他们即使在梦里也特别容易感到害怕。做噩梦时一般处于"REM"（Rapid Eye Movement，快速眼动）睡眠阶段，通常都是在后半夜。和夜惊不同，孩子在梦魇醒来后会寻求父母的安慰和肢体接触。父母应该满足孩子这两个需求。此外，孩子也能回忆起梦魇的内容。

有一个窍门能有效地预防梦魇。在睡前问孩子："今天你想梦见什么？"和孩子一起想象一番。这会让孩子做一个美梦！

❗ 害怕去睡觉：

让孩子有安全感

许多孩子都怕黑。可以为孩子亮一盏小夜灯，或者让灯光从打开的门的门缝透进房间。

如果孩子感到害怕，父母自身的镇定和信心显得尤为重要。和孩子谈论怪兽或幽灵，或挪开家具试图证明并没有怪兽或幽灵在房间里，很少起作用。建议给孩子一个紧紧的拥抱并以非常肯定的态度告诉孩子："我在这里。我非常地爱你。我会保护你，你可以相信我。"

当孩子经历了某件不好的事情后或在生病期间，可以破例改变睡前仪式，让孩子和父母一起睡，但不要形成习惯。

如果孩子长期表现出强烈的恐慌，牢牢抓住父母不放手并大声喊叫，这其中有可能存在其他的问题。尝试找出孩子有这种反应的原因，并向孩子提供帮助。父母也可以寻求专业的意见。

有些孩子表现出极端的恐惧。对这类孩子来说，独自一人在房间里睡觉真的是一件非常困难的事。那么可以试着在父母的房间里为孩子放张床垫或支张床，或让孩子和其他兄弟姐妹一起睡在一个房间里。

梦魇：提供安慰和帮助

安慰小孩子最好的办法是把他们紧紧地拥抱在怀里，以肯定的语气对孩子说："我在这里。一切都很好。"如果孩子愿意的话，可以让孩子讲述梦魇的内容，但不要强迫孩子讲。

如果孩子每晚都做噩梦，说明孩子心存恐惧或有其他未得到解决的问题。因此找出原因很重要。如果父母不能自己解决，可以寻求专业的协助。

> 和应对恐怖幻象类似，发生梦魇时也可以利用孩子的想象力。父母可以和孩子一起为噩梦虚构一个美好的结局，或者可以让孩子把梦境画出来，让孩子想象自己在同盟者的帮助下消灭了梦里那个让人害怕的东西。

"我不爱吃这个！"
——帮孩子学会正确吃饭

你是不是觉得孩子吃得太少了，或饮食结构不合理，或吃得过多？和孩子一起的用餐时间对你来说是"紧张的时刻"吗？如果答案是肯定的，那么你和其他大多数父母一样，都为孩子的吃饭问题感到担忧。绝大多数问题只需花一点儿时间和精力就能够解决。给孩子需要的，而不是想要的——没什么比吃饭问题更适用这一基本原则了。当然，前提是你认同下面的观点。

● **孩子知道自己需要什么**

孩子天生有一种本领：身体需要什么他们就会吃什么，并且吃得很适量。有一个实验可以作为一种佐证：1928年，克莱拉·戴维斯医生以3个孤儿为对象进行了一次实验。实验进行期间，这3个年龄为7~9个月的孩子在每次吃饭时都会被带到一个摆放了10种食物的桌子旁边，这10种食物任由他们自己选择吃什么。6个月以后，3个孩子都发育得很好，身体非常健康。就现代营养学观点而言，这份由孩子自己搭配的"食谱"的营养配比堪称理想。这3个孩子都做出了恰当的选择，摄入量也很适当。

小孩子还没有受到美学观点、广告、虚荣心和社会习俗的"胁迫"，因此相对于我们成年人，孩子们能更好地对营养需求做出自我调节。我们应该向孩子学习，不要认为自己的做法更高明。但父母给孩子准备的食物首先必须正确。在克莱拉·戴维斯医生的3个实验对象的餐桌上有肉、蛋、蔬菜和水果，但没有糖和高脂肪食物。也就是说，餐桌上的食物是合理的。小孩子还没能力去关心购置、烹饪食物的事情，这样也不错：如果我们听任孩子的意见，很可能他们只会吃到果酱馅饼、炸土豆片和甜品。

● 父母和孩子的任务分配

作为父母我们更清楚哪些食物是孩子可以敞开吃的，哪些必须限制分量。我们也更清楚用餐时哪些行为是恰当的，哪些不是。我们要负责的事情是：采买食物，烹调，安排用餐时间，把饭菜端到餐桌上，把孩子叫来，注意孩子用餐时的行为表现。孩子必须来，也要做到举止得当，但不是必须进食。他们可以单纯地陪着我们，可以在吃了两口以后就不吃，也可以把蔬菜剩在碗里。还有下一顿饭等着他们。但如果还没到再次吃饭的时间孩子就饿了怎么办？那也必须等待下一次用餐时间的到来。在一天三次正餐和两次加餐的前提下，等待的时间并不会特别长。

由父母决定每顿饭吃什么，什么时候吃，由父母制定用餐时的规矩。不要让孩子参与进来。

在父母准备的各种食物里哪些是孩子需要的，需要多少，孩子自己对此最清楚不过。所以，吃什么、吃多少可以让孩子来决定，这是他自己的事情。父母不要参与进去。

这个规则并不是我提出来的，而是美国儿科学会的建议，发布在他们1999年出版的《官方营养指导》的首页。它适用于各个年龄段的孩子，无论是婴儿还是学龄儿童。

营造轻松的用餐氛围

如果你能牢记父母和孩子之间的不同分工，那么在吃饭时就不会产生紧张的气氛和各种危机，孩子既不会变得太胖也不会太瘦。但父母很难接受这个观点，不相信这个方法会真的有效。"那样的话，我的孩子就只会吃榛果巧克力酱面包。""那我的孩子根本就不会吃蔬菜。""那样的话，我的孩子会什么也不吃。""那样的话，我的孩子会不停地吃。"我经常会听到这样的质疑。

每个孩子都能应对挑战
Jedes Kind kann Krisen meistern

如果父母对该由孩子自己负责的职责部分加以干涉会有什么结果？或者如果孩子对父母的职责范围加以干涉呢？即使你很难相信，但实际情况就是：不会得到什么积极的结果。没有比上文表述的职责分工更好的方法了。

让孩子自己决定吃什么

很多父母坚持认为自己孩子的营养不全面。300 位带孩子去儿科诊所进行预防性身体检查的家长接受了一项细致、严格的问卷调查。调查结果显示，4~5 岁孩子的家长中有 20% 持这种看法。他们中有许多人试图通过施加压力强迫孩子吃饭。他们根本不明白，孩子对于尝试新鲜事物是持抗拒态度的，对 2~6 岁的孩子而言，这是很正常的表现。但许多父母认为，他们必须把水果和蔬菜以及肉或鱼"放进"孩子的肚子里，必要时会违背孩子的意愿：孩子必须坐在餐桌旁把饭吃光，否则就取消孩子的饭后甜点，有时甚至强制喂食：用力地把勺子塞进孩子的嘴巴里。这种强制的方式无法让孩子对食物产生兴趣。相反，父母越是施加压力，孩子越是会激烈地抗拒。

为每一餐准备健康、营养的食物，不挑食，给孩子做一个好榜样，并不时地向孩子推荐餐桌上的食物，父母做到这些就足够了。孩子不想吃的东西，就是他不需要的东西。即使是非常挑食的孩子，如果真的有需要，他也会主动去吃营养价值高的食物，即使吃的量比父母希望的少得多。父母的任务就是足量提供正确的食物。这样就够了。

让孩子自己决定吃多少

在上文提到的问卷调查里，有20%的父母认为自己的孩子"吃得太少"，只有3%的父母认为自己的孩子"吃得太多"。

在这20%的父母中有许多人试图通过施加压力强迫孩子进食，他们认为自己的孩子"太瘦"，并为此感到忧虑。但是他们错了。如果给孩子提供的食物量充足，健康的孩子根本不会太瘦。通过分析预防性体检记录中的生长曲线，我们发现绝大多数孩子的身体状况都非常理想。即使是体重偏低的孩子，只要他的生长曲线呈稳定、有规律的趋势，父母就不需要担心。相反，如果曲线出现折点或明显异常，通常表明有疾病的发生，父母必须查明原因并做出处理。

如果父母追着给孩子喂饭，允许孩子吃饭时玩玩具或看电视，或直接强制喂食，后果就是：让孩子对吃饭失去兴趣，造成用餐氛围紧张，引发一场"权力斗争"。如果孩子身体健康，那他的饮食就是健康的，再怎么瘦也无所谓。

当父母给孩子准备的食物不正确时，才会出现孩子"吃得太多"的状况：高脂肪食物和甜食出现在餐桌上的次数过多，量也过多。反之，有的父母不允许孩子多吃，会警告孩子说："只有这么多。看看你胖成什么样子了！"这样做根本没有任何作用。孩子会觉得受到了伤害，并且会一直想要吃东西。比较好的办法是，让孩子多运动，给孩子准备正确的食物，严格限制高脂肪食物和甜食，至于其他的食物，就由孩子自己决定想要吃多少。

父母决定哪些食物出现在餐桌上

"可我的孩子只想吃榛果巧克力酱面包"——这种质疑毫无意义。因为让哪些食物出现在餐桌上是由父母决定的。尽管时不时地可以吃点儿榛果酱,但绝对不是每天必须吃的,更不是每顿饭必须的。为了保证饮食合理、健康,父母对于营养学知识只要掌握两个基本准则,就不会出现什么差错:

★ 给孩子准备食物时尽量做到种类丰富。食物的种类越多越好。"种类多"的意思并非是要有珍馐佳肴,有市场上和超市里的普通商品就行了。食物种类多样化是营养均衡的良好保证。就算是咖喱香肠或含色素的糖果也应时不时地出现在购物清单上。禁止孩子吃这些东西只会唤起孩子更强烈的欲望。从长远来看,当父母不禁止孩子吃任何食物时,就会在饮食安排上有更多的选择。

★ 给孩子准备食物时尽量做到"高碳低脂"。饮食过量一般是指脂肪的摄入量过高。脂肪主要存在于香肠、奶酪、肉类中,甜乳酪食品也含有脂肪。父母应该把脂肪含量高的食品分成小份,严格限制孩子的摄入量。碳水化合物是最重要的营养物质。日常的主食如马铃薯、米饭、面条和谷物制品都是碳水化合物的主要来源,父母不需要限制孩子吃这些食物。水果和蔬菜也是"高碳"食物,它们富含碳水化合物,水分含量也很高,因此可以允许孩子想吃多少就吃多少。

糖是一个例外。尽管糖是由100%的碳水化合物构成的，但它有一些缺点：会诱发龋齿；不含其他营养成分，如维生素、植物纤维；与脂肪"联手"的话，就是引起肥胖的罪魁祸首。

父母不用担心孩子的蛋白质摄取量。只要孩子经常吃肉，就可以从中摄取足量的蛋白质。日常饮食中蛋白质主要存在于奶制品、鱼类、蛋类、豆类中。

许多父母会按照孩子的意见来准备食物。他们只将孩子要求的食物，例如炸土豆片和果酱馅饼交替着做。每天无论早餐还是晚餐，餐桌上都赫然摆放着著名的榛果巧克力酱。尽管这些父母也经常表达他们对此的不满，并告诫孩子"这些东西不健康"，但还是会对孩子选择这些食物听之任之。这样一来，用餐的气氛必然会紧张。"如果我按照自己的想法准备食物，我的孩子根本就不吃。"这种理由毫无意义。孩子不吃榛果酱花生糖不会饿死。不喜欢香肠和奶酪没关系，面包总是有的，可以让孩子吃面包代替。

固定用餐的时间

一天安排三次正餐、两次加餐不会有什么差错。规律的用餐时间会让每天吃饭变得轻松。一天五顿饭的优点在于，即使孩子某一顿饭不吃或吃得很少，也不会有什么问题。父母可以以温和、肯定的态度询问孩子："你不喜欢吃这些？没关系！"如果半个小时后孩子饿了，父母可以这样对孩子说："等下次开饭吧！"但态度仍然要温和。不要让孩子等待超过两个小时。这样就能让孩子知道，在用餐时间就应该吃饭，不能由着自己的兴趣和心情。另一个显著优点是：

> 规律的用餐时间能有效地预防体重超标。

注意明确用餐时的规则

父母负责制定用餐规则。父母只有以身作则，这些规则才能得到贯彻执行：

1. 在餐桌旁吃饭。用餐时举止得体的前提是：坐在餐桌旁，吃饭时保持端正坐姿。如果吃甜食时也能做到这一点最好。甜食可以作为正餐的组成部分，例如作为简单的餐后甜点。只有在特殊情况下才能给孩子吃小熊橡皮糖或巧克力条。

我经常会听到这个理由："我的孩子在餐桌旁坐不住！"因为孩子坐不住，于是父母端着饭追着孩子四处跑，这样好吗？我的建议是，要让孩子有选择的权利，类似这样："你还吃吗？要继续吃就在椅子上坐好。要是不吃，我现在就把你的盘子收走。你自己选。"

如果孩子严重影响了其他用餐者，比方说大喊大叫或哭闹不休，父母也可以采取"暂停"措施。"暂停"结束后再给孩子一次机会。如果"暂停"也不管用，那就让孩子离开餐桌，结束孩子的用餐。

2.**用餐时家人之间的交流很有益，但没必要进行文体活动。**和家人一起用餐是每个家庭成员了解社会的一个重要契机：大家聚在一起，讲述各自一天的见闻和经历。餐桌经常占据着一个家庭的核心位置，那儿没有电视、玩具和书籍。用餐时间可以是交谈时间，但不是游戏时间。有些家长在用餐的同时允许孩子进行某种形式的文体活动，他们这样做的目的往往是想把饭"塞进孩子的嘴巴"，另一种做法是对孩子使用强制手段。孩子很快就会洞悉父母的想法，继而把矛头指向父母："你只有把电视打开，我才会吃饭！"

3.**允许孩子拒绝吃某一道菜，但拒绝的态度必须友好！**"呸，真恶心！""这个看上去让人想吐！""这闻起来像什么啊！"当你满怀爱意辛苦地做好饭菜后，是不是会听到孩子这样的抱怨？这很伤人，你不应该接受。孩子可以不喜欢某一道菜，但他必须礼貌地表达自己的想法，比如："妈妈，我不喜欢吃这个南瓜。我可以不吃它，只吃米饭吗？"或许这对孩子来说很困难。父母可以给孩子做出示范，和孩子一起反复练习，直到孩子学会为止。之前提出的观点"孩子不是必须进食"在这里仍然适用，但父母要坚持一点：孩子必须以尊重的态度和友好的方式拒绝父母准备的食物。

"我不要上厕所！"——自主控制大小便

孩子多大时应该做到白天不会尿湿裤子？多大时应该整晚不会尿湿床铺？父母应该如何帮助孩子自主控制大小便？如果孩子已经4岁却还会尿裤子，晚上还是会尿床，或者必须包着尿布才能大便，父母应该怎么办？

和吃饭问题一样，让孩子自主控制大小便这个问题也不适合以父母和孩子之间的"权力斗争"这一方式来处理。父母不可能通过施加压力和强迫等方式把任何东西塞进孩子的身体，同样也不可能把任何东西从孩子的体内弄出来。"我还不用上厕所！"当我的大女儿不想去厕所时，她会这样说。信任孩子，让孩子自己掌握情况。这是他的身体。

专家们普遍认为，孩子5岁之后还不能自主控制大小便才是一种病。20%的4岁儿童还不能完全做到自主控制大小便。绝大部分孩子能自主控制大便的年龄是：2/3的孩子将近4岁时才能做到，其余1/3的孩子中绝大多数在将近5岁时才能做到。有1/10的儿童5岁仍然不能自主控制大便，会把大便解在尿布上或裤子上。孩子自主控制小便的年龄要稍微晚一些。90%的5岁儿童能做到白天不尿裤子，而20%的4岁儿童、

15%的5岁儿童和10%的7岁儿童在夜里还是会尿床，其中男孩是女孩的两倍。

以前人们认为，孩子在几岁时能够做到自主控制大小便与教育有关。瑞士儿科医生雷默·拉戈通过一项研究证明实际并非如此。他指出，在20世纪50年代，绝大多数父母在孩子还不到1岁时就开始教导孩子控制大小便。到了20世纪70年代，由于一次性纸尿裤的广泛使用，父母开始教导孩子控制大小便的时间平均延后了一年。然而尽管如此，孩子能够自主控制大小便的年龄和以往一样。如今情况也没有任何变化。孩子何时能自主控制大小便与身体功能的成熟度有关，而这一发育成熟的过程一般到6岁左右才能完全结束。人们是不可能通过教育来影响身体功能的成熟的。

● **在孩子自主控制大小便的进程中伴随左右**

"如厕训练"是多余的。让孩子在固定的时间坐在马桶上，直到孩子解出大小便——父母这样做，对孩子什么时候能自主控制大小便根本没有任何影响。比较恰当的做法是，父母认真观察孩子，通过孩子的各种反应判断出孩子在什么时候可以自主控制大小便。一般会经历这么几个发展阶段：

> **! 帮助孩子自主控制大小便**

> ★ 教会孩子自己穿、脱裤子。给孩子穿带松紧带的裤子是最好的选择！
> ★ 给孩子做出正确的示范。让孩子亲眼看看父母或哥哥姐姐是如何上厕所的。毛绒玩具和玩具娃娃也能"学习"如何自己上厕所——通过游戏的方式让孩子适应在厕所大小便。
> ★ 当孩子通过各种迹象表明自己马上就要大（小）便的时候，父母可以把孩子的尿布拿掉，让孩子在便盆上或去厕所解决。在厕所为孩子准备一个儿童马桶座圈和一个脚凳会非常有帮助。
> ★ 很多孩子就算已经很长时间白天不尿裤子，夜里还是有可能会尿床，这一点父母要多加留意。即使孩子尿裤子或尿床，也不要小题大做地过于严苛，责骂、惩罚孩子和向孩子施加压力的行为都是要禁止的。

1.孩子会注意到些什么。某些事情以前发生时孩子处于无意识状态，现在则会引起孩子的注意。孩子大便前的"特殊感觉"通常比小便前还要强烈。你会发现孩子对这种"感觉"非常专注。

2.孩子会辨认出这种感觉，并有意识地大小便在尿布上。

3.孩子一旦感觉到尿布"满"了就会发出信号。

4.事先孩子会表现出各种迹象：孩子会动来动去，两腿交替乱蹬或有其他类似行为。

父母要以称赞和鼓励陪伴孩子的每一个阶段。当孩子做到了自主控制大小便时，父母可以对孩子大加表扬。

在孩子还不能完全自主控制大小便时，要提供帮助

在孩子自主控制大小便的进程中，最常见、最难克服的障碍就是睡觉。大部分夜里还会尿床的孩子告别尿布的时间并不长，如果他们在白天确实做到了在厕所大小便，那有一点是毋庸置疑的：夜里尿床并非由心理问题导致。这些孩子只不过是夜里睡得太沉了，以至于在大（小）便时没能醒过来。而最容易引致孩子心理问题的原因是孩子对湿的床铺产生了持续的恐惧。这也是父母为什么应该从孩子学龄时就采取措施的原因。有一个叫"尿尿提醒器"的东西真的非常有用，它可以作为处方药由儿科医生开给有需要的孩子。这个提醒器是一个带有传感器的探测头，可固定在孩子的内裤上，也可以是一个带有传感器的特制垫子，可固定在床垫上。孩子刚一尿出来，传感器就会发出警报，孩子就必须起床去上厕所。这样一来孩子可以逐渐习惯在不算太晚的时候醒过来。许多孩子刚开始时对提醒器毫无反应，根本不会醒。这就要求父母必须陪着孩子，观察孩子夜里睡觉的情况。

如果孩子已经有几个月不尿床了，然后又开始尿床，那情况就有所不同。这一类尿床经常和家庭危机联系在一起，比如父母分开或离婚。如果是这种情况，就必须尝试去解除孩子的精神负担，必要时应寻求专业的帮助。

如果 4 岁或 4 岁以上的孩子白天还会尿裤子，原因可能有很多。在进行心理治疗之前首先必须进行一次详细的身体检查，例如有的孩子膀胱可能在根本没有充盈的时候就会收缩。后天学习的行为往往起着非常重要的作用：孩子长时间地憋着不上厕所，是因为他们觉得上厕所的那一套程序非常麻烦。所以不管什么时候对他们来说都太晚，他们等不及去厕所解决大小便。

面对 4 岁大的孩子，最好的处理办法是尽量不要有太大的反应，只需要坚持一件事就好：孩子必须自己换掉弄脏的裤子。

> 在孩子自主控制大小便的进程中耐心地陪伴孩子，不要给孩子任何压力。

从孩子 5 岁起可以开始一项"礼仪计划"：如果孩子一天多次去厕所，就可以在奖励表上获得相应的分数，而孩子在厕所到底有没有排尿（排便）并不重要。另外，专业的咨询和建议也很值得推荐。这样做一段时间之后如果孩子白天不再尿裤子，就可以继续通过这项礼仪计划帮助孩子克服夜里尿床的问题。

下面所说的这种情况比较常见，而且非常麻烦：孩子已经很长时间都不尿裤子了，夜里也不会尿床，事实上他是可以自主控制排便的，然而他拒绝坐在马桶上排便，而是要在有意识的状态下拉在尿布上，如若不然就会直接拉在裤子上。厕所像是一个无法逾越的障碍。父母感到筋疲力尽后会开始向孩子施加压力，而孩子们会反过来向父母施加压力：孩子开始憋着不去排便。这会引起便秘和不适感，甚至有可能造成排便时疼痛，而这可能正是最初导致孩子憋着不排便的原因，于是形成了一个恶性循环。

因此最重要的一个原则就是：无论如何都要避免因憋着不排便而引起的便秘。

当孩子使用尿布的习惯被改变之后，要面对的风险反而特别大：孩子整天都有意识地忍着不排便。因此父母必须格外留心，保证孩子大便不干燥，排便时不会引起疼痛。不可以给孩子灌肠，这会给孩子带来强烈的不适感，导致孩子继续憋着不排便。可以给孩子多吃些富含膳食纤维的食物，或让儿科医生给孩子开一些乳果糖，父母可以适时地给孩子使用乳果糖，有必要的话可以适当加大剂量。如果孩子之前在马桶上排便时有过疼痛的体验，那孩子就更难适应了。

尿布让许多孩子有一种安全的感觉，他们更难习惯去厕所大小便。他们包着尿布的时间越长，就越难适应。父母可以转换立场设想一下，如果让父母不去厕所而是开始使用尿布，父母就能很容易地完成这种转变吗？孩子们也是这种感受。父母应该了解要适应有多难！

下面的这个故事会重现孩子面临的问题。通过故事孩子会知道父母应对此类问题的方法，还能从故事中为自己的问题找出解决之道。

每个孩子都能应对挑战
Jedes Kind kann Krisen meistern

保罗、卡洛和扑通的故事

从前,有一只年轻的"鼠小弟"叫保罗。保罗和鼠爸鼠妈以及鼠弟弟一起住在一个舒适的鼠屋里。保罗今年已经5岁了,他每天早晨都会高高兴兴地去老鼠幼儿园。保罗画画儿很棒,做手工也非常好,玩拼图游戏更是一流。总而言之,保罗是一只特别亲切、特别快乐的鼠小弟。

有一天,保罗最要好的朋友卡洛来到保罗家,他们一起玩新买的农庄玩具,玩得非常非常开心。突然,卡洛非常奇怪地开始全身抖动,后来居然哭了起来。

"你怎么了,卡洛?"保罗问道。"我不敢说!"卡洛抽泣着。"哎呀,卡洛,我可是你最好的朋友。"保罗安慰道。于是卡洛在保罗的耳边轻声说:"我要拉屎!"保罗忍不住笑了:"这有什么呀,我家厕所就在前面!"然而卡洛哭得更厉害了。"我在厕所里拉不出来。我大便的方式有所不同,需要包着尿布才行,可我现在没带尿布!"小保罗用他的鼠爪搂住卡洛的脖子,对卡洛说:"哦,我的天啊!这个我知道!我以前就是这样!我原来非常非常讨厌去厕所!我总是以为去厕所会很疼,也需要很长的时间!我宁愿憋很长时间,也不愿意去那该死的厕所!""这是真的吗?"卡洛意外地问道。"那当然!但是现在我觉得,让便便扑通一声掉进马桶里，那感觉好极了！""你是怎么做到的？"卡洛很想知道这个。

小保罗想了一下说："嗯，以前我总是等到了家才拉屎。每次想拉屎时，我就会喊妈妈。妈妈过来给我包上尿布，然后我拉在尿布上。很臭！之后妈妈还必须帮我收拾干净。妈妈有时候会很恼火！还会经常向我抱怨。爸爸也是，还有奶奶。可是我就是害怕上那该死的厕所！对此我也无能为力。

"后来有一次我妈妈忽然对我说：'你可以包着尿布大便，我不会再抱怨你了，爸爸和奶奶也不会了。但你现在已经长大了，在这件事上不再需要我。从现在开始，你自己处理这一切。'我必须自己把尿布包在屁股上，必须自己把屁股洗干净。我独自站在浴缸里！妈妈已经出去了！真可恶。我可不想这样。我还得自己穿上衣服，这也很讨厌，很无聊。另外，其实我也很想知道，便便扑通一声掉进马桶里会怎么样。终于有一次我鼓起了勇气。我悄悄地溜进厕所，关好门，开始拉屎。我的心跳得很厉害，有一点儿紧张。它发出了很小的扑通声！便便扑通地掉进了马桶里！没什么好怕的！我妈妈跑了过来，可能她感到很惊讶吧！她不相信我能做到。从此以后我一直都是那样上厕所的。扑通，扑通，扑通。再也不需要什么尿布了，我的小屁股现在总是很干净。我妈妈给我买了一辆我一直想要的玩具拖拉机,妈妈也觉得它看上去很棒。我现在从拖拉机上滑下来很容易,但第一次真的很难,我鼓起了很大的勇气才做到。我不知道你有没有这么勇敢!"

卡洛好奇地听着,早已鼓足了勇气,他自己单独从拖拉机上滑了下来,到地面上那么长的一段距离!忽然卡洛跑向厕所,并且关上了门。不一会儿保罗就清楚地听到了扑通声。卡洛从厕所出来了,他显得很骄傲、很开心:"我也能做到!我也能做到!"卡洛和小保罗手拉着手,边跳边唱:

"扑通,扑通,扑通,

我们都能发出'扑通'声。

我们不再需要尿布,

我们的小屁股现在很干净……"

你可以对这个老鼠故事做某些改动,以便它更适合你孩子的实际情况。

如果你要给你的小女儿讲这个故事,那故事的主角当然就是两只叫"葆拉"和"卡拉"的"鼠小妹"。应该让孩子觉得自己是故事里的保罗或葆拉。

在这个故事里保罗已经克服了自己的问题,他向自己的朋友卡洛讲述了自己是如何做到的。这就让保罗"榜样"的形象更加有吸引力：保罗不是一个问题儿童，而是一个可以帮助朋友的胜利者。你还要和孩子同时把保罗向他朋友所讲述的都付诸实践。这种配合就是成功的秘诀。

故事里的保罗和鼠爸鼠妈以及鼠弟弟住在一所小房子里。也许你的孩子是和姐姐、妈妈一起住在城里的房子里，那你就让你的故事符合实际情况。故事里的保罗很擅长拼图游戏和绘画，你的孩子最喜欢做什么，或者最擅长什么？你应该据此对故事做出相应的修改。你的孩子什么时候表现得特别勇敢？用它来替换故事里卡洛滑下玩具拖拉机的勇敢经历。

不管你的孩子是会尿在裤子上，还是会故意大便在尿布上，你都可以根据实际情况改动故事里相应的情节："我需要包着尿布才能大便，可我现在没带尿布！"可以变成"我总是拉在裤子上，我现在没有能换的裤子"。

还有，当你给孩子讲这个和上厕所有关的老鼠故事时，可以用你平时习惯的词语。我见过一个很可爱的例子：用"哦呀呀"来指代孩子排便！

这真的很简单

在我的诊所里有很多这样的事例：父母除了每天重复讲这个老鼠故事、每天按照故事里讲的那样做以外，没有任何进一步的举措，对此我的建议是：

不再提及这个话题。

避免责骂、惩罚孩子。

让孩子自己做卫生。

不用担心孩子每天听老鼠故事会觉得无聊，孩子们喜欢固定的仪式和重复。

激发孩子的主动性

当有的孩子忽然不能再"像婴儿一样"由妈妈用湿毛巾在婴儿打理台上为自己清理，而是要在浴缸里用浴巾自己给自己洗澡时，他们会非常恼怒。但这并没有关系，孩子越是不喜欢，自己去厕所解决大小便的吸引力就越大。如果所有的父母都能坚持4~6个星期都这样做，那么到时候，几乎所有孩子都会自己去厕所了。如果你的孩子仍然不行，你就应该直接把尿布丢掉，并把这个编进老鼠故事的情节里。正如前面所提到过的，在这种情况下可以给孩子预防性地服用一些乳果糖，以避免孩子因为憋着不上厕所而引起便秘。

一个成功的故事

成功会以一种不可思议的速度出现在一些孩子身上。就在不久前我得到了4岁大的路特维希成功的消息，他差不多已经能够完全自主控制大小便了。受严重便秘的影响，他曾一度旧病复发，长达几个月之久，每天都"毫无保留"地拉在裤子上，而且经常是在幼儿园的时候。那段时间他的家里几乎没有其他的话题。

路特维希的爸爸特别不能体谅儿子，每天都觉得非常难堪，为此发很大的火，还会责骂小路特维希。后来大家商定按照上面所说的办法去做：每天都讲一遍那个故事，此外不再提及这个话题，也不再对孩子施加压力或使用强制手段，但由路特维希自己负责清洁。从妈妈第一次讲故事那天起，差不多两个星期过去了，但情况未见任何好转。爸爸失去了耐心，又开始像以前一样指责、批评路特维希。对此，这个小朋友从容不迫地反驳道："爸爸，你不可以这样对我说话。"

这给爸爸留下了非常深刻的印象，所以从那一刻起爸爸又开始坚持履行约定。几天以后路特维希就可以自己去厕所大小便了，又过了几天，他在幼儿园也敢去厕所了。从此以后，路特维希就完全可以自主控制大小便了。

重点整理

睡觉、吃饭、上厕所——本章所涉及的内容是孩子们的身体需求。孩子是否吃饭、睡觉、上厕所，以及需要吃多少、睡多久、什么时候去厕所，都让孩子自己决定。这是孩子自己的身体，父母必须接受这一点。但父母可以给孩子提供帮助，为他们创造一些必需的有利条件。

睡觉

★ 根据孩子的睡眠需求让孩子的睡眠时间固定下来。
★ 孩子躺在床上的时间不应该长于真正睡着的时间：床上时间＝睡眠时间。

- ⭐ 和孩子一起举行一个美妙的睡前仪式。
- ⭐ 有计划地让孩子习惯在没有父母帮助的情况下单独在自己的床上入睡。
- ⭐ 逐渐戒掉孩子的夜奶。
- ⭐ 通过"开门关门法"让孩子留在自己的床上睡觉。
- ⭐ 如果孩子有梦游或夜惊的症状，一定要格外注意他们的安全。
- ⭐ 在孩子害怕或梦魇时，陪在孩子身边。

吃饭

- ⭐ 由父母决定什么时候吃饭、吃什么以及吃饭时需要遵守的规则。
- ⭐ 让孩子自己决定吃什么以及吃多少。

自主控制大小便

- ⭐ 当孩子通过各种迹象表明自己马上就要大（小）便的时候，父母可以把孩子的尿布拿掉。
- ⭐ 保持耐心。避免责骂、惩罚和施加压力。有些孩子满5岁后才最终能够自主控制大小便，这很正常。
- ⭐ 针对顽固的夜间尿床情况，建议使用"尿尿提醒器"。
- ⭐ 针对自主控制大便方面存在的顽固问题：讲述一个治疗故事。